読み物・授業展開案付き

「偉人を育てた親子の絆」に学ぶ道徳授業

編・著
松藤 司 & チーム松藤

学芸みらい社
GAKUGEI MIRAISHA

本書の発刊に寄せて——江戸期の人間教育の原点

明星大学教育学部教授　親学推進協会会長　　高橋史朗

「美しい日本人の心」には自然ですなおな心情、大和心と潔い心のあり方が含まれている。前者を代表する和歌が「敷島の大和心を人問わば　朝日に匂う山桜花」であり、後者を代表する和歌が「親思ふ心にまさる親ごころ　けふの音づれ何ときくらん」である。後者については本書の第一章を参照してほしい。

また、「銀も金も玉も何せんに　まされる宝子にしかめやも」という山上憶良の和歌は、子どもへの愛情を「子宝」とあらわす親心を表現したもので、万葉集に収められている。斎藤茂吉はこれを第一等の歌と評価し、自身も「死に近き母に添寝のしんしんと遠田の蛙天に聞ゆる」と詠んだ。

このような親子の情が日本民族の精神的伝統であり、一八二〇年から一八二九年まで長崎・出島のオランダ商館に勤務していたフィッセルは、次のように述べている。

「わたしは子どもと親の愛こそは、日本人の特質の中に耀く二つの基本的な徳目であるといつも考えている。このことは、日本人が、生まれてからずっと、両親がすべてを子供たちに任せてしまう年齢にいたるまで、子どものために捧げ続ける思いやりの程を見るとはっきりわかるのである。」

我が国にはこの「美しい日本人の心」を培ってきた規範形成教育という伝統がある。さらに、精神基盤の強化による自己の確立による立派な日本人育成のための人格教養教育がある。これらを取り戻す必要がある。

一九九一年の第二十六回ユネスコ総会で設置を決議され、一九九三年に発足した「二十一世紀教育国際委員会」が、三年にわたり十五カ国の政府関係者、教育専門家による検討の結果、一九九六年にユネスコに提出された二十一世紀の教育及び学習を提言する報告書「学習：秘められた宝」は、人類の発展のための教育のあり方を提言しているが、その中の「共に生きることを学ぶ」「人間として生きることを学ぶ」という柱の学習に、本書を生かしてほしい。

教科化される道徳教育や「親になるための学び」、そして、この「共に生きることを学ぶ」「人間として生きることを学ぶ」学習の中心に、本書のテーマである「偉人を育てた親子の絆」を位置づけてほしい。

フィッセルが指摘した江戸期の人間教育の根底には五常・四端の儒教の教えがあった。五常とは、①仁（人を思いやること）、②義（利欲に囚われず、すべきことをすること）、③礼（仁を具体的な行動として表したもの）、④智（学問に励むこと）、⑤信（言明をたがえないこと、真実を告げること、約束を守ること、誠実であること）である。

また、四端とは、①惻隠（他者を見て、いたたまれなく思う心）、②羞悪（不正や悪を憎む心）、③辞譲（譲ってへりくだる心）、④是非（正しいことと間違っていることを判断する能力）である。

朱子学を学んだ山鹿素行は『山鹿語類』全四十五巻を著したが、その第三巻『父子道』において、次のように述べている。「『孟子』に、『父子親有り』とあるが、父子の道は恩愛にあるのに、なぜ、『父子愛有り』と言わないのか、それは、愛するというのは『寵愛憐慕の心』のことで、子どもが可憐で愛らしいと愛し過ぎてしまい、結局、その子を驕らせ、長幼の序を失い、礼節を弁えなくさせてしまうからだ、また子が父を寵愛するのも、孝心ではなくただ好悪の情から出ているのだ。」

山鹿素行は後漢の書『白虎通』の「父は矩《のり》なり、法度《はっと》を以て子に教ふるなり。」という言葉を引用して、「矩」とは「曲尺」であり、「父の平生の作法行儀悉く子の手本となって、幼稚より老衰するに至るまで、父母を慕ふのこころを以て、父母の言行をならふにあり。」と述べている。

そして、「父母の子に教戒する事、まづ、その身を修め慎むを以て本と為すなり。」「父母身を修め慎まずして子の子たらん事を求むるは、甚だあやまれり。」と説いている。

江戸期の人間教育の基本は、幼少期から腰骨を立てる「立腰」教育と「慎独」すなわち「独りを慎む」ことにあった。これが「小人閑居して不善を為す」という言葉の出典であり、悪事は独りの時にする。逆に言えば、独りの時に立派な人間は誰の前でも堂々としていられて繕う必要がないという訳である。このように江戸期の人間教育は独りの時が最も大事だと徹底的に教えたのである。

江戸末期の儒学者・佐藤一齋は「着眼を高くし、総体を見通し」と説いたが、「総体」とは全体のことで、大局に立つことの重要性を強調した。わたしが松下政経塾の「志審査」という入塾審査を担当した時に、「着眼大局、着手小局」を審査基準にしたヒントは、この佐藤一齋から得たものである。

また、『和俗童子訓』を著した貝原益軒は、その序の冒頭に『礼記』を引用して、「君子は始めを慎む」と述べ、幼少期の教育の重要性を説いた。『礼記』の「内則」にある発達段階に応じて、子どもに内在する「発達力」を引き出すことが重要だと考えていたのである。これが、彼が日本の教育学の祖といわれる所以である。

また、日本で最初の絵入り百科事典『訓蒙図彙』を刊行した中村惕齋は女性向けの教訓書『比売鑑』で「母子道」を説き、『小学』『礼記』『孝経』などから重要な教えを集めている。儒学者が発達段階に応じた教育課程を作成するにあたって参考にしたのは『小学』や『礼記』の「内則」であった。

このように江戸期の子育ては、儒教の書を取り入れ、親子の絆と親が子どもの手本となることの重要性を説き、胎教に始まる「三つ子の魂百まで」というように幼少期の教育が大切だと考えてきた。このような江戸期の人間教育の原点に立ち返ることが、日本の教育再生の最重要課題といえる。渡辺京二著『逝きし世の面影』（平凡社）の第十章「子供の楽園」に描かれている世界一幸せな子どもは、このような教育によって実現したのである。

最後に、「チーム松藤」の先生方と本書の監修者である松藤司先生宅に泊めていただき、熱く語り合ったことが本書として実現したことを心から喜びたい。ささやかな一文を寄せたのは、あの夜の「チーム松藤」の一員としての思いからであることを付記しておきたい。

まえがき

小学生の頃、わたしは読書が大嫌いだった。ところが、マンガは大好きで、毎週週刊マンガを買って読んでいた。

そんなわたしだが小学校四年の時、親戚のおじさんに買ってもらった本だけは覚えている。リンカーンの伝記だった。なぜ「リンカーン」の本を買ってもらったのだろう。もちろん、書店でわたしが選んだのだ。たぶん、こういうことだ。

小学校二年の時、父からリンカーンの話を聞いた。

リンカーンだけではない。楠木正成や吉田松陰の話も聞いた。でも、リンカーンだけは今でもよく覚えている。インパクトが強かったからだろう。父の話がずっと残っていて、二年後、リンカーンの本を選んだのだと思う。

なぜ父はリンカーンの話を知っていたのだろう。父は戦争を経験している。戦地で戦った経験もある。その父が、敵国だったアメリカの大統領のことをなぜわたしに話したのだろう。

幼いわたしは、なぜ父が外国人のことを知っているのだろうと不思議に思っていた。教師になって道徳のことを調べるうちにその理由がわかってきた。

大正生まれの父は小学校時代、「修身」でリンカーンのことを学んでいたのだ。だから、詳しく知っていて、それをわたしに話したのだ。

当時の「修身」教科書には、内外の偉人の話がたくさん載っていた。現在、「修身」教科書が復刻されて販売されている。開いてみると、外国人では、リンカーン、フランクリン、キュリー夫人、ナイチンゲールなどが載っている。

当時のわたしにとって、貧しい家に育ったリンカーンのエピソードが大きな影響を与えたことは事実だ。わたし自身の家庭も貧しかったからだ。

わたしは伝記を読みながら、主人公の行動に共感したり、憧れたりしたのだろう。四年生なりに大人になったら、こんな人になろうという夢も持っていた。マンガ好きな四年生のわたしはマンガ家になりたかった。

ところが、わたしはこの本を最後まで読み切ることができなかった。マンガしか読んだことのないわたしには、読了するほどの気力はなかったのだろう。

小学校六年の四月、「聖徳太子」の伝記を読んだ。社会科の歴史学習の影響だったと思う。三百頁もある分厚い本など、今まで読んだことがなかった。布団に入りながら一日五十頁ずつ読み続け、六日間で読み終えたことを覚えている。

それまで、一冊の本も最後まで読み終えることができなかったわたしにとって、初めて最後まで読むことができた本だった。わたしに大きな自信を与えてくれた本だった。

その後、わたしは読書にとりつかれることになる。あれほど好きだったマンガを読まなくなった。「聖徳太子」から始まった読書は、当時、近くの図書館にある歴史小説、歴史人物伝記をすべて読みあさるようになった。いつしかわたしは将来、小説家になりたいと思うようになっていた。

学校の成績もだんだん良くなっていき、高校、大学にも入ることができ、教師の道を歩むようにもなった。

わたしの人生を変えたのは、まさしく二冊の伝記であった。

伝記は子どもに人生の目標を与えてくれる。ある時は坂本龍馬に憧れ、ある時は野口英世に憧れた。若いわたしは挫折を味わいながらも、自分の人生を真剣に生きようと思った。数々の伝記を読むことで、自分の人生をどう生きればよいか、時々考えるようになっていた。

子どもたちにとって、歴史上の人物から学ぶことはとても大切である。

ギリシャの哲学者ソクラテスは「生きるということが大切なのではなく、善く生きるということが大切なのだ。」と言っている。「善く生きる」方法を歴史から学ぶことが大切である。

また、明治天皇は「世の中の人のかがみとなる人の多くいでなむわが日の本に」と詠まれた。歴史上の人物に「人のかがみ」がある。

「かがみ」とはお「手本」のことである。日本には昔からの「手本」文化がある。人の生き方にもお手本があり、多くの先人がそのお手本から学び、自分の生き方を拓いていった。

『徒然草』の吉田兼好も次のように言っている。

「嘘でもいいから、優れた人をまねしなさい、まねるだけで、その人は優れている。」

評論家の渡部昇一氏は『国民の修身』で次のように書いている。

「伝記を読んでいると、その中に必ず自分に合っていると思うものが出てきます。同じ感動の仕方でも、これは他のものとちょっと違うという伝記が現れます。そしてこれが、だんだん自分の人生の理想、生きる目標となっていくのです。」

「子どもの時に読んだ話は、その時に感心してもすぐ忘れる。しかし十年も二十年も経ってから、人生のある局面においては、昔読んで、感心して、忘れていたような行動を選択するものなのではないか。」

わたし自身がそうだった。伝記というものは、子どもたちの将来設計に大きな影響を与えるものだといえよう。

今回、歴史上の偉人十人を選んだ。誰でも知っている人物であるが、この人物がどのように育てられたのか、偉人の親はどのような願いを持っていたのかは、ほとんど知られていない。

平成二十六年度から「わたしたちの道徳」が新しく学校に入ってきた。人物についての内容が多くなった。近いうちに道徳は教科になる。

教科化目前の「道徳」の教材として、今回、わたしたちは「偉人を育てた親子の絆」を読み物化し、どの学級でも使えるように学習指導案も掲載した。ぜひ、活用していただきたい。新しい道徳の本としては革命的な本となるであろう。

最後になったが、親学を提唱されている明星大学教授高橋史朗氏から多くのアドバイスをいただき、本書の序文まで書いていただいた。

また、学芸みらい社の青木誠一郎社長には出版の機会をいただいた。

お二人に心から感謝の意を表したい。

平成二十七年十二月吉日

チーム松藤　代表　松藤　司

目次

第一章
幕末の志士・吉《よし》田《だ》松《しょう》陰《いん》を育てた父母

【吉田松陰】（1830～1859）

幕末の思想家。長州藩士。名は矩方《のりかた》、通称は寅次《とらじ》郎《ろう》。ペリー２度目の来航の時、密航を企てて投獄される。のちに萩で松下村塾《しょうかそんじゅく》を開き、明治維新にたずさわる多くの人物を輩出した。安政の大獄で捕えられ刑死した。

〔参考文献〕①福川祐司『吉田松陰』講談社火の鳥伝記文庫　②木俣秋水『吉田松陰をめぐる女性たち』大和書房　③一条明『吉田松陰』あかね書房

親思ふこころにまさる親ごころ

親思ふ　こころにまさる　親ごころ　けふ《きょう》の音づれ　何ときくらん

これは吉田松陰がよんだ和歌です。

「どれだけ親を思おうと、それにもまさって子を思っているのが親心というものだ。今日のわたしの状態を、親はどう思うのだろうか。」

とうたっています。

黒船来航と松陰の気概《きがい》

二十四歳の時、松陰は日本にやってきた黒船を直接見ることになります。黒船*とは蒸気で走る大きな船で、アメリカのペリー*が黒船に乗って、日本の浦賀（神奈川県）にやってきました。ペリーは日本に開国をせまりました。当時の日本は、江戸幕府が政治を行う世の中で、「鎖国」といって、外国との交流を断《た》っていました。

黒船を見たとき、松陰はどんなことを思ったのでしょう。

日本の将来を憂いていた松陰は、世界の情勢を探るために外国に行きたいと考えました。

黒船を見た松陰はなんとそれを実行にうつします。小船で黒船に近づき、船に乗せてもらえるよう交渉しました。

結局これは失敗に終わりましたが、このエピソードはペリーが編纂《へんさん》した『日本遠征記《にほんえんせいき》』にも記録されています。

松下村塾《しょうかそんじゅく》の塾則《じゅくそく》

のちに松陰は長州藩《ちょうしゅうはん》*の自宅付近に塾を開きます。

この塾を「松下村塾」といいます。

当時の塾は、今のような学校教育の補足や進学のための学習塾ではなく、世のため人のために生きるとはどういうことなのかを学ぶ私設の教育機関でした。

松陰はこの塾で、一方的に授業をするのではなく、塾生の意見を聞くなどの対話を重視し、塾生の個

松下村塾

高杉晋作《たかすぎしんさく》

伊藤博文《いとうひろぶみ》

木戸孝允《きどたかよし》
（塾生ではないが、松陰の教えを受けた）

久坂玄瑞《くさかげんすい》

性や能力を尊重しました。

身分に関係なく開かれたこの塾は、伊藤博文《いとうひろぶみ》や高杉晋作《たかすぎしんさく》をはじめ、明治維新*という新しい世の中をつくることにたずさわる多くの人物を輩出しました。

この松下村塾には塾則がありました。「松下村塾五則」といいます。

その第一条は「両親の命、必ず背くべからず」。第二条は「両親へ必ず出入りを告ぐべし」。塾則の一番目、二番目が、親に関わる内容だったのです。

やがて安政《あんせい》の大獄《たいごく》*で捕えられた松陰は死罪判決をうけ、斬首《ざんしゅ》、刑死《けいし》しました。享年《きょうねん》三十歳でした。

その松陰が死を覚悟した時に、妹にあてた手紙の中でよんだ歌が「親思ふ……」の和歌でした。

松陰の父母とはどのような人だったのでしょうか。

松下村塾五則

一、両親の命、必ず背くべからず。
一、両親へ必ず出入りを告ぐべし。
一、先祖を拝し、御城を拝し、天皇を拝すべし。
一、年長や位の高い人を敬うべし。
一、礼儀を正すべし。

（わかりやすく訳しました）

父・杉百合之助《ゆりのすけ》

松陰の実家、杉家は武士でありながら、貧しさのために百姓も営んでいました。松陰の父を百合之助といいます。百合之助の父親は多くの借金を残したまま亡くなりました。あとをついだ百合之助は、弟たちに学問を続けさせて、自分は朝早くから暗くなるまで農作業に精をだしました。貧しくても、弟たちに学問だけは続けさせたのです。

畑に出た時、自分自身もあぜ道に書物を置いて仕事の合間に本を読みました。

松陰が生まれてからも農作業を手伝わせるかたわら、本を読んで聞かせていました。百合之助は、日頃から、「むだ話をするひまがあるなら本を読め。」と言っていたそうです。

このように百合之助は農作業の場を学問を教える場としても使っていました。こうした発想をもった武士階級は、当時、非常に少なかったということです。

母・滝《たき》

松陰の母は滝といいます。

松陰の実家、杉家は十三人の大所帯で、寝たきりの姑《しゅうとめ》も同居していました。滝はいつも姑を大切にしました。

母・滝

姑の三度の食事にはあたたかいものをすすめ、衣服はやわらかいものを着せていたわりました。姑は、

「忙しくてひまがないのに、こんなに親切にしてくれて本当にありがたい。」

と言って喜びました。

それでも裕福ではない杉家はいつも暗い雰囲気《ふんいき》です。滝はこの雰囲気をなんとかしたいと思いました。

そこで滝は百合之助にこんなお願いをしました。

「毎日、お風呂をたかせていただけないでしょうか。」

松陰の家では、お風呂に入るのは四、五日に一度でした。

百合之助ははじめ滝の申し出を、

「それはあまりにぜいたくだ。」

と断りました。

しかし滝は、病人にとってお風呂が体によいことを説明し、とうとう百合之助にこのことを認めさせてしまいました。

それからは毎日、お風呂がたかれ、体の動かない姑は涙を流して喜びました。農作業で疲れていた百合之助の体の調子もよくなりました。お風呂を毎日わかすことで滝は家に明るさをよびこんだのです。

松陰は希望を失うことがなく、常に明るい人でした。この性格は、母親の滝から受けついだものなのかもしれません。

杉家の家風《かふう》

のちに松陰は、妹への手紙の中で次のように書いています。

「自分たちの家には立派な家風*がある。それは、(一) 神様を敬《うやま》うこと、(二) 祖先を尊ぶこと、(三) 親類とむつまじくすること、(四) 学問を好むこと、(五) 田畑を自分で作ること、である。これらのことは父母の常になされることであって、自分たちはそれにならわなければならぬ。」

また、次のようにも書いています。

「およそ人の子の賢《かしこ》きも愚《おろ》かなることも、良きも悪しきも、たいてい父母の教えによることなり。」

子どもが育っていく上で、子どもに大きな影響を与えるもの。

それは父母、つまり親であると、吉田松陰は語っています。

*黒船＝ペリーが乗ってきたアメリカ海軍東インド艦隊の船。
*ペリー＝江戸時代末期、鎖国中の日本に艦隊を率いて来航し、開国への交渉を要求したアメリカ合衆国の海軍軍人。
*長州藩＝江戸時代に周防国と長門国（現在の山口県のあたり）を領国とした毛利氏を藩主とする藩。
*明治維新＝江戸時代末期から明治時代初めにかけて進んだ政治的、社会的変革のこと。
*安政の大獄＝一八五八～一八五九年（安政五～六年）にかけて江戸幕府が行った尊王攘夷派に対する弾圧のこと。
*家風＝その家に伝わる特有の気風や習慣のこと。

【授業展開案】

1　対象学年　小学校六年以上

2　授業時間　一時間

3　指導計画

時	授業大テーマ	授業小テーマ
1	子どもが育っていく上で、大きな影響を与えるものは何かを考える。	①親思ふこころにまさる親ごころ ②黒船来航と松陰の気概 ③松下村塾の塾則 ④父・百合之助と母・滝 ⑤杉家の家風

4　授業展開

親思ふ　こころにまさる　親ごころ

> 発問1　子どもが育っていく上で、大きな影響を与えるものは何だと思いますか。書きましょう。

ノートに書かせたあと、意見交換をさせる。

指示1　吉田松陰がよんだ和歌です。声に出して読みましょう。

和歌を読ませ、意味を確認する。

その後、扉ページをもとに吉田松陰について簡単に紹介する。

黒船来航と松陰の気概

「黒船来航と松陰の気概」の項を読む。

発問2　吉田松陰とはどんな人ですか。書きましょう。

意見交換をさせる。

松下村塾の塾則

「松下村塾の塾則」の項を読む。

発問3　松下村塾の塾則の一番目と二番目は、何について書かれていましたか。書きましょう。（親）

父・百合之助

「父・百合之助」の項を読む。

発問4　松陰の実家は何という名字でしたか。（杉。）
発問5　百合之助は畑に出た時、仕事の合間に何をしていましたか。
（本を読んでいた。）
発問6　百合之助は常々、松陰にどんなことを言っていましたか。その部分に線を引きましょう。
（むだ話をするひまがあるなら本を読め。）

発問7　百合之助はどんなお父さんですか。書きましょう。

意見交換をさせる。

母・滝

「母・滝」の項を読む。

説明1　杉家に生まれた杉寅次郎《すぎとらじろう》は後に吉田家の養子に入り、やがて吉田松陰と名のることになります。

発問8　百合之助の家族の様子がわかる一文に線を引きましょう。
（松陰の実家、杉家は十三人の大所帯で、寝たきりの姑も同居していました。）

発問9　姑は滝に対してどんな気持ちをもっていましたか。
それが分かる一文に線を引きましょう。
（忙しくてひまがないのに、こんなに親切にしてくれて本当にありがたい。）

発問10　杉家の暗い雰囲気を何とかしたいと思った滝は、百合之助にある申し出をします。
その一文に線を引きましょう。（毎日、お風呂をたかせていただけないでしょうか。）

発問11　お風呂を毎日わかすことで、滝は家に何をよびこんだのでしょう。（明るさ。）

発問12　滝はどんなお母さんですか。書きましょう。

意見交換をさせる。

説明2　戦前の日本には「修身科」という科目がありました。その教科書（修身書）には吉田松陰の父母について、次のように書かれていました。
「吉田松陰の父母は、かように心をあわせて、父は業務にはげみ、母は夫を助けて家をととのえ、又、共にわが子の教育に力を用いましたので、家も栄えるようになり、子供は皆、心掛けのよい人になりました。」

杉家の家風

「杉家の家風」の項を読む。

指示2　杉家の家風を先生に続いて読みましょう。
指示3　「およそ人の子の……」の部分を先生に続いて読みましょう。
発問13　子どもが育っていく上で大きな影響を与えるものを松陰は何だと考えていますか。書きましょう。（親。）
発問14　あなたはどんな「親」になりたいですか。書きましょう。

書いたものを発表させ、意見交換をさせる。

第二章

藤樹の志を導いた厳しい母の愛

【中江藤樹《なかえとうじゅ》】（1608～1648）

近江国《おうみのくに》（現在の滋賀県）出身の江戸時代初期の陽明学者。中江藤樹は人々に「五事を正す」教えを広めた。「五事を正す」とは

①なごやかな顔つきをし、
②思いやりのある言葉で話しかけ、
③澄んだ目で、ものごとを見つめ、
④耳をかたむけて、人の話を聴き、
⑤まごころを持って、相手を思う、の５つ。

人々に愛された藤樹は、死後、「近江聖人」と呼ばれた。

［参考文献］
①中江彰『中江藤樹の生き方』明穂出版社
②中江彰『中江藤樹一日一言』致知出版社
③中江彰『中江藤樹人生百訓』致知出版社
④中江彰『中江藤樹のことば』登龍館

第二章　藤樹の志を導いた厳しい母の愛

母からの旅立ち

中江藤樹は、江戸時代の初め、一六〇八年に生まれました。藤樹の父は、藤樹が小さい頃、亡くなりました。

藤樹が七歳の時に、藤樹の母は、藤樹を人に預けて学問をさせることにしました。江戸時代の武士は、剣術や学問を修め、殿様に仕えるのが仕事でした。藤樹が家を出る時、母は、次のような言葉をかけました。

「帰りたいなどと考えてはいけないよ。一生懸命、学問して、早く一人前の立派な人になっておくれ。」

藤樹は、この母の言葉をいつも心にとめながら、一生懸命学びました。

九歳になった藤樹は、本格的に読み書きを習い始めました。十歳になる頃には、『貞永式目《じょうえいしきもく》*』を学び、すべて暗記していたそうです。十七歳の時には、四書*を学び終えました。

母を訪ねて

藤樹が、実家を離れて二年目の冬のことです。藤樹は、母が、あかぎれやしもやけで、辛い思いをしていることを知りました。藤樹は、あかぎれやしもやけによく効くという薬を買い求めて、雪の中を走り出しました。母のいる家に帰るためです。

そして、ようやく家にたどり着きました。目の前に、井戸の水をくみ、重いつるべを引っぱっている母の姿を見つけました。

雪の中、薬を買って帰ってきた藤樹に母は、

「男子は一度、目標を持って家を出たら、めったなことで帰ってきてはなりません。わたしのことは心配せず、すぐに帰りなさい。」

と言ったのです。

息子が会いに来てくれて、きっと嬉《うれ》しかったはずの母。しかし、母は、藤樹のことを思って、突き放したのです。

母に会いに来た藤樹

聖人《せいじん》と呼ばれるようになった藤樹

二十五歳になった藤樹は、母を迎えるために帰郷しました。しかし、母は、同行しません。母が気になって仕方ない藤樹は、武士をやめ、故郷に戻り、私塾〔藤樹書院〕を開いて、近所の人々に、学問を教えました。

学問を教えるかたわら、藤樹は何冊も本を著しました。藤樹が著した『翁問答』*の中に、

胎内*にある間も母徳の教化《きょうか》あり

という言葉があります。

この言葉の意味を、藤樹は知人に送った手紙の中で次のように書いています。

「母の胎内に宿って以来、二つ三つになるまでの母の苦労、その恩愛の恩などよくよくのものと思って、二、三歳の子どもの頃から今日までに習い染みこんだ様々な心をすべて除き去り、ただ一つの思い、もしそのときに、親たちがいなかったならば、どうなっていただろうかに思いがいたったならば、どうであろうか。」

藤樹の心の中には、いつも母親への感謝があったのです。藤樹の教えです。

①なごやかな顔つきをし、
②思いやりのある言葉で話しかけ、
③澄んだ目で、ものごとを見つめ、
④耳をかたむけて、人の話を聴き、
⑤まごころを持って、相手を思う。

そして、何よりも正直であることの大切さを説き、藤樹は、《近江《おうみ》聖人《せいじん》》と呼ばれるようになりました。

正直な馬子の話

藤樹の教えを伝えるお話として、次のようなものが残っています。

近江国に馬子*の又左衛門という人がいました。馬子とは、馬に人や荷物を乗せて運ぶ仕事をする人のことです。

ある日、又左衛門は、京都に向かう飛脚*の太郎を馬に乗せて宿場まで送りました。帰ってきて、馬からくら*を取り外すと、財布が出てきました。又左衛門は、

「さっきの飛脚のものかもしれない。今ごろ、困り果てているに違いない。」

と思い、宿場まで戻りました。

そこには、財布をなくして困っている太郎がいました。太郎に財布を渡すと、涙を流して喜びました。お礼に十五両をさしだしましたが、又左衛門は受け取りません。太郎は、

「なぜ、そんなにも優しい方なのですか。」

とたずねました。すると、又左衛門は、

「わたしの村に、中江藤樹という先生がおられ、毎晩のように、いい話をしてくださいます。先生は、親孝行をすること、人の物を盗んではいけないことなどを話されます。」

と言って、帰っていきました。

飛脚と馬子

コラム

～藤樹が開いた私塾「藤樹書院《とうじゅしょいん》」～

故郷に戻った藤樹は、私塾である「藤樹書院」を開き、近所の人々に学問を広めました。

「藤樹書院」は、滋賀県高島市にあり、藤樹の遺品*・遺物を展示しています。

現在に残る「藤樹書院」
（Toss フォトペディア掲載　上田洋一氏撮影）

＊貞永式目《じょうえいしきもく》＝鎌倉時代《かまくらじだい》の基本のルール。

＊四書＝儒学の経書『大学』『中庸』『論語』『孟子』の四つのこと。

＊翁問答《おきなもんどう》＝中江藤樹の書いた本の名前。

＊胎内《たいない》＝お母さんのお腹《なか》の中。

＊馬子《まご》＝馬を引いて人や荷物を乗せて運ぶ仕事をする人。馬方《うまかた》。

＊飛脚《ひきゃく》＝手紙や荷物《にもつ》を運ぶ仕事をする人。

＊くら＝人が乗りやすいように馬の背中に置く道具のこと。

＊遺品《いひん》＝死んだ人の残《のこ》した品物。

【授業展開案】

1　対象学年　小学校三年以上

2　授業時間　二時間

3　指導計画

時	授業大テーマ	授業小テーマ
1	1　なぜ、母は藤樹を人に預けて学ばせることにしたかを考える。	①母からの旅立ち ②母を訪ねて
2	2　藤樹の母への感謝の気持ちを知る。 3　今も残る藤樹の教えを読み、母親の大切さに気づく。	③聖人と呼ばれるようになった藤樹 ④藤樹の教えを後世に

4　授業展開

○第一時

中江藤樹のプロフィール（扉ページ）

> 発問1　中江藤樹です。何をした人ですか。
> 指示1　プロフィールを全員で読みましょう。

読んだ後、ポイントを板書する。ポイントは「近江聖人」。聖人とは、「徳のある理想的な人」のこと。

母からの旅立ち

本文を教師が読み、次のように展開していく。

発問2　藤樹の父は、どうなったのですか。

小さい時に亡くなったことを確認する。

発問3　藤樹が預けられたのは、何歳の時ですか。（七歳）
発問4　なぜ、母は、藤樹を人に預けたのだと思いますか。

フリートークで意見を聞く。

指示2　藤樹が家を出る時、母は次のように言いました。読みましょう。
（帰りたいと思ってはいけないよ。一生懸命、学問して早く一人前の立派な人になっておくれ。）

発問5　この言葉には、母のどんな思いが隠れていますか。

子どもたちが、お家の人に言われて印象に残っていることを発表させる。

発問6　みんなが、お家の人たちから言われた言葉で印象に残っている言葉は、何ですか。

一人ひとりに発表させ、板書する。

母を訪ねて

本文を教師が読み、子どもたちにも読ませる。

発問7　なぜ、藤樹は、家に帰ったのですか。
発問8　藤樹が、ようやく家にたどりついた時、母は、何をしていましたか。

寒い冬、井戸の水をくみ、重いつるべを引っぱっていたことを確認する。

発問9　あなたが藤樹なら、お母さんに何と声をかけますか。
発問10　帰ってきた藤樹に、母は、何と声をかけましたか。

発問11　母は、藤樹に会えて嬉しくなかったのですか。
発問12　どうして、母は、会いに来た藤樹を突き放したのだと思いますか。

藤樹の母の言葉を何度も読ませる。（男子は一度、目標を持って家を出たら、めったなことで帰ってきてはなりません。わたしのことは心配せず、すぐに帰りなさい。）

説明1　お母さんは、藤樹が会いに来てくれて、きっと嬉しかったはずです。ギュと抱きしめたかったはずです。しかし、お母さんは、藤樹の将来を考えて突き放したのです。
昔から、「かわいい子には旅をさせよ」（板書）ということわざがあります。
発問13　このことわざはどういう意味でしょう。
このあとの藤樹の成長を見ていきましょう。

○第二時

聖人と呼ばれるようになった藤樹

本文を教師が読み、次のように展開していく。

指示3　藤樹が、知人に送った手紙を読みましょう。
発問14　藤樹の心の中には、いつも何があったのですか。（母親への感謝。）

藤樹の教え。

指示4　藤樹の教えを読みましょう。

正直な馬子の話

藤樹の教えを伝える話を読む。

発問15　藤樹の教えとは何ですか。（親孝行すること、人の物を盗んではいけないこと。）
発問16　藤樹の教えは誰の何によって作られたと思いますか。（母親の愛。）

指示9　中江藤樹の学習の感想をノートにまとめなさい。

第三章

放《ほう》蕩《とう》無《ぶ》頼《らい》!? 勝《かつ》海《かい》舟《しゅう》の父

【勝《かつ》　海舟《かいしゅう》】（1823～1899）

江戸時代末期の幕臣・政治家。名は義邦《よしくに》、のち安《やす》芳《よし》。通称、麟太《りんた》郎《ろう》。海舟は号。1860年、咸臨丸《かんりんまる》を指揮して太平洋を横断。江戸時代末期、江戸の町が火の海になると思われたとき、西郷隆盛と会見し、江戸城を明け渡し、江戸の町を戦火から救った。

［参考文献］①勝小吉著、勝部真長編訳『夢酔独言』ＰＨＰ研究所　②勝海舟『氷川清話』講談社学術文庫　③西本鶏介、大石学監修『勝海舟　徳川幕府の最後の交渉人』ミネルヴァ書房　④一色次郎『勝海舟』あかね書房　⑤保永貞夫『勝海舟——江戸を戦火からすくった』講談社火の鳥伝記文庫

けんか好きな父　勝《かつ》小吉《こきち》

勝海舟の父親は勝小吉といいます。小吉は江戸の旗本*でしたが、貧しい生活をしていました。放蕩無頼*といわれた小吉は『夢酔独言《むすいどくげん》』という自叙《じじょ》伝*を書いています。そこにはこう書かれています。

「決しておれのまねをするな！」

この自叙伝は、自分のような人間になってはならぬと、子孫をいましめるために書いたというのです。勝小吉とはいったいどんな人物だったのでしょうか。『夢酔独言』からいくつか見てみましょう

【五歳】長吉と凧《たこ》げんかをした。長吉は三つ年上で力も強いから、たちまち凧をとられ破られちまった。くやしいから胸ぐらをつかんで石ころでぶん殴ってやったら、くちびるから血が出て大変なことになった。そうしたら親父がたいそう怒って、「人の子にきずをつけて、すむか、すまぬか。おまえのようなやつは、このまま捨てておけぬ。」といって、柱におれをしばりつけて、下駄で頭をぶん殴られたわ。

【七歳】大げんかをした。相手は二、三十人。おれは一人でたたき合い、打ち合ったがかなわず、逃げ場がなくなってしたたか叩かれた。泣きながら脇差《わきざし》*をぬいて、切り散らしたが、所詮かなわないと思ったから、もうこの上は武士らしく切腹しよう

と思って肌をぬいで石の上に座ったが、近くにいた米屋に引きとめられた。それからというもの、近所の子どもはみんなおれの手下になったよ。

【三十六歳】料理屋の二階で熊というならず者と大げんかをした。熊を二階から下へ投げ出してやった。するとしばらくたって、熊の子分が三十人ばかりおしよせてきて店を取りまいた。もろ肌ぬいで飛び出してたたき合っていたら、役人が来て引き分けになったよ。

小吉はこのような自分の人生をふり返って、こう言っています。

おれは一生のうちに、無法な、馬鹿なことをして年月を送ってきた。衣類はたいがいの人の着ない唐《から》物《もの》*その他の結構なものを着て、うまいものは食い放題にして、充分のことをしてきた。しかしこの頃になって、昔のことを思うと身の毛がよだつようだ。孫《まご》や曾《ひ》孫《まご》ができたら、よくよくこれを見せて、いましめにするがいいぜ。

小吉はちゃきちゃきの江戸っ子で情にもろい人でもありました。困っている人がいたら助けずにはいられませんでした。出世をあきらめ、まちの人々の相談相手として信頼を得ていました。まちの人々のけんかの仲裁など、人々の仲をとりもつ役割をになっていたのです。

麟《りん》太《た》郎《ろう》、犬にかまれる

勝海舟（幼名、麟太郎）が子どものころ、太ももを野良犬にかまれるという事故が起きました。

小吉が医者に、

「命は助かるか。」

と聞くと、医者は、

「命の保証はできない。」

と言います。重症です。きず口を縫《ぬ》ってもらうことにしましたが、麻酔薬《ますいやく》のない時代です。海舟は痛みにたえかねています。医者はなかなか縫い始めることができません。

その時です。小吉は海舟のまくらもとに日本刀を突き立てて怒鳴りました。

「泣いてみろ！　たたき切るぞ！」

こう言われた海舟は泣くのをやめ、縫い終わるまでじっとこらえたのでした。

しかし、これで海舟が回復するとはかぎりません。それほどの重症だったのです。

小吉はその日から毎晩、金毘羅《こんぴら》様《さま》＊へ願《がん》をかけ、裸《はだか》参《まい》りを続けました。冷たい水をかぶり、身を清めてお祈りをするということを百回くり返すのです。

そして家に帰ると、「おれが抱いて、ほかの者には手をつけさせぬ。」と、昼夜問わず、海舟を抱いて寝たのでした。

小吉の全身全霊の看病の甲斐あって、やがて麟太郎のきずは治り、七十日目には床を離れることができました。

天下を救う人物になれ！

小吉は麟太郎に次のように言っていました。

「将来、天下を救う人物になれ！」

そのような願いをもっていた小吉は、息子に読み書きを習わせ、剣術《けんじゅつ》のけいこをさせました。

学問とともに剣術もできる島田《しまだ》虎之助《とらのすけ》という人物のところに出向き、次のように頼みました。

「金をはらわぬかわりにすみこみで働かせるから、息子を弟子《でし》にしてほしい。」

こうして弟子入りを許された麟太郎は島田のもとで剣術と禅学《ぜんがく》を学びはじめます。

その後もさまざまな人から教えを請《こ》いました。

のちに勝海舟はこう回想しています。

「この禅学と剣術とがおれの土台になってたいそうためになった。幕府*が倒れる時、なんべんも刺客《しかく》*におそわれ、生きるか死ぬかの目にあったが、いつもきりぬけてきたよ。この勇気ときもったまの力は、禅学と剣術との二つにやしなわれた。」

一八六七年、勝海舟は、最後まで新政府軍と戦いたいという幕臣たちを必死に説得してまわり、一滴の血も流さずに江戸城の明け渡しに成功しました。

こうして二百六十年以上も続いた江戸時代は終わり、明治という新しい時代がやってきました。

海舟は父・小吉の「将来、天下を救う人物になれ！」という願いを実現したのです。

江戸無血開城を話し合う海舟と西郷隆盛

息子から見た父・小吉

晩年、海舟は、父、小吉のことを次のように言っています。

「父はわたしが文武を修めることを勧め励ました。人となりは大まかでいさぎよく、物事にこだわらない。それでいていったん承諾したことは必ず実行する人であった。」

父親としての小吉は、世間が抱いているイメージとはちがう形で、息子・海舟の目にうつっていたのかもしれません。

＊旗本＝武士の身分の一つ。将軍を守る仕事についた将軍家直属の武士。
＊放蕩無頼＝勝手気ままに振る舞って品行の定まらないさま。
＊自叙伝＝自分の生涯、人生を記述した伝記。
＊脇差＝武士が腰に差した二本の日本刀のうち、短い方。
＊唐物＝中国や、その他の外国から輸入された品物。
＊金比羅様《こんぴらさま》＝海の神様。
＊幕府＝ここでは江戸幕府のこと。天皇に代わって征夷大将軍が政治を行った場所。
＊刺客＝暗殺する人。

晩年の勝　海舟

【授業展開案】

1　対象学年　小学校六年以上

2　授業時間　二時間

3　指導計画

時	授業大テーマ	授業小テーマ
1	勝小吉にまつわるさまざまなエピソードから人物像を知り、親としての子どもへの関わり方を考える。	①けんか好きな父　勝　小吉 ②麟太郎、犬にかまれる
2	小吉が海舟に託した願いを知り、海舟の父の生き方を通して、将来、どんな親になりたいかを考える。	③天下を救う人物になれ！ ④息子から見た父・小吉

4　授業展開

○第一時

指示1　勝海舟について知っていることを書きましょう。

意見交換させる。その後、扉ページのプロフィールを参考に、勝海舟について簡単に紹介する。

けんか好きな父　勝　小吉

【五歳】の項を読む。

発問1　『夢酔独言』を書いたのは何のためですか。（自分のような人間になるなと子孫を戒めるため。）

発問2　小吉の父親はなぜ「たいそう怒った」のですか。（人の子を傷つけたから。）

発問3　あなたが小吉の父親だったら、このことについて怒るのに賛成ですか。反対ですか。

意見交換させる。その中で「怒り方」についても検討させたい。

（補助発問）「怒り方」については賛成ですか、反対ですか。

【七歳】、【三十六歳】の項を読む。

発問4　小吉はどんな人物ですか。

次のページを読む。

麟太郎、犬にかまれる

発問5　「泣いてみろ！　たたき切るぞ！」と言った、小吉の真意を想像してみましょう。

発問6　小吉の行動に対する感想を書きましょう。

発問7　あなたのおうちの人で、すごいなあと思うところを書きましょう。

意見交換をさせる。

○第二時

天下を救う人物になれ！

発問8　小吉が麟太郎に言っていた言葉に線を入れましょう。（将来、天下を救う人物になれ！）

発問9　そのような願いをもっていた小吉は息子に何をさせましたか。（読み書きと剣術のけいこ。）

発問10　島田虎之助に弟子入りをお願いにあがった時、「金をはらわぬかわりに」と言ったのはなぜでしょう。（貧しかったから。）

説明1　そうまでしても弟子入りさせたいという願いが小吉にはあったのですね。

説明2　その後も麟太郎は学問と剣術に励みます。昼間は剣道を教え、夜おそくからひとりで蘭学といって、オランダの学問を勉強をしました。眠くなると自分でつねって目を覚まし、それでも眠くなると水をかぶって、勉強に取り組みました。麟太郎がこのような姿勢をもつにいたった背景には、小吉の「天下を救う人物になれ！」という言葉があったのかもしれません。

息子から見た父、小吉

指示2　海舟の言葉から、小吉の人物像を四つに分けて書きましょう。（①文武を修めることを勧め励ました　②大まかでいさぎよい　③物事にこだわらない　④いったん承諾したことは必ず実行する。）

参考までに、海舟は母親に対しては次のように振り返っている。
「言葉少なく、家事のやりくりをしながら、和歌をたしなみ、書をよくし、明治初年の国家の大難には、母上は落ち着いて少しもあわて騒がず、大義の正しさを見失わず、一言も余計なことはいわず、わたしのすることを見守ってくれていた。」(『水川清話』)

発問11　世間からは放蕩無頼だと見られていた父、小吉。海舟はその父を尊敬していたのでしょうか。

発問12　あなたはどんな親になりたいですか。

第四章 隆盛を育てた父と地域

【西郷隆盛《さいごうたかもり》】（1828～1877）

薩摩藩（現在の鹿児島県西部）出身。大久保利通《おおくぼとしみち》や木戸孝允《きどたかよし》とともに、「維新の三傑」の一人と言われている人物。薩長同盟の成立や王政復古に成功し、戊辰戦争を主導した。
明治10年に、西南戦争の指導者となるが、敗れて城山で自刃《じじん》した。

［参考文献］①永原慶二監修『学習漫画日本の伝記　西郷隆盛』集英社　②加来耕三企画構成監修『コミック版日本の歴史　西郷隆盛』ポプラ社　③神渡良平『西郷隆盛人間学』致知出版社　④ハイブロー武蔵『西郷隆盛の教え』総合法令出版

下級武士《ぶし》の長男として生を受けた隆盛

西郷隆盛は、一八二八年、鹿児島城下の西郷吉兵衛《きちべえ》の長男として生まれました。幼名を小吉といい、後に、吉之助《きちのすけ》と名乗りました。

西郷吉兵衛は、小姓組《こしょうぐみ》＊組頭《くみがしら》を務める下級武士でした。西郷家は、祖父母と、父母の他に、六人の弟や妹のいる大家族でした。そのため、下級武士の中でも、とりわけ貧乏でした。しかし、家族全員が助け合い、上の者が下の者の面倒を見たりという生活の中で、社会のルールを学ぶことができました。

西郷隆盛（上段の左から３番目）の食事の様子

隆盛を育てた地域《ちいき》の力

西郷隆盛をはじめとする薩摩藩＊出身の偉人は、たくさんいます。薩長連合の推進者、大久保利通《おおくぼとしみち》もその一人で、西郷と幼少から共に学んでいました。

薩摩藩の侍の子どもたちは、地域のグループ（郷中《ごじゅう》）ごとに、郷中教育《ごじゅうきょういく》と呼ばれるきびしい訓練と教育を受けました。郷中では、六歳から十四、五歳を稚児《ちご》と呼び、十四、五歳から二十四、五歳までの未婚の青年を二才《にせ》と呼びました。郷中では、稚児たちは寺の境内などで、二才《にせ》の青年たちから学問を習いました。また、剣術《けんじゅつ》、相撲《すもう》、水泳など、実践に役立つ武術や運動もおこなっていました。

　このように、先輩が後輩を指導するという地域の教育が、薩摩藩の偉人を育てた理由だと考えられています。

父の背中を見て育った隆盛

　隆盛の父の子育てについて、次のようなエピソードがあります。

　小吉（隆盛）が、十二、三歳の頃、近所の武士の子とケンカをして、刀で腕に大けがをしました。当時の城下で、刀をぬくことは禁止されていました。刀をぬいた武士の親子が西郷家に謝《あやま》りに来ました。

　刀をぬいた子どもの父は、

「ご法度《はっと》の抜刀《ばっとう》*をしたうえに、おたくの息子に大けがをさせた罪は重い。かくなる上は、息子を切腹《せっぷく》*させてわびる。」

と言いました。それを聞いた小吉（隆盛）の父は、

「子ども同士のことゆえ、ここは、お互い胸にしまって、なかったことにしましょう。」

と言ったのです。

隆盛は、この時のけががもとで、一生、腕をのばせなくなりました。「子ども同士のことゆえ、ここは、お互い胸にしまって、なかったことにしましょう。」と言った隆盛の父を、みなさんはどのような人だと思いましたか。子どものけんかとしてなかったことにした隆盛の父は、寛大《かんだい》*な人だと考えられます。

また、こんなエピソードもありました。

小吉（隆盛）が、十六歳になり、吉之助と名を改めた年、父の吉兵衛は、吉之助を呼んで、
父「これから、板垣《いたがき》さんのところに行く。お前もついてこい。」
吉「何をしに行くのですか。」
父「金を借りに行く。その金で土地を買って百姓をやる。自分たちの食い物は、自分たちで作らなければ、もうこの先、食っていけぬ。」
と、二百両を借りに行きました。

吉兵衛が吉之助を連れて行った背景には、「父の代で返せなかったら、お前が返すんだ。」という思いがありました。

板垣は、大きな目玉の大柄な吉之助（隆盛）を見て、快く、二百両を貸したそうです。隆盛が将来大

成する人物と思ったからです。そして、土地を手に入れた西郷家は、ようやくまともな食事ができるようになりました。隆盛は、後年、板垣に倍の四百両を返済しました。

父の吉兵衛は、自分の行いを隆盛に見せることで、生活する知恵と武士のほこりを教えたのでした。隆盛は、父の姿を見て、責任感が強い、小さいことにこだわらない人物へと育っていきました。

父の姿を見て育った隆盛は、次のように言っています。

「命もいらぬ。金もいらぬ。官位もいらぬという人は始末に困るものです。しかし、この始末に困る人ならでは、国家の大業を成し遂げられぬ。」

父の背中を見て育った隆盛の言葉です。

「子は、親の背中を見て育つ。」

日本の子育ての格言です。しっかり覚えておきましょう。

＊小《こ》姓組《しょうくみ》＝江戸時代の役職《やくしょく》。
＊薩摩《さつま》藩《はん》＝今の鹿児《かご》島県《しまけん》の江戸時代の呼《よ》び名。
＊抜刀《ばっとう》＝刀を抜《ぬ》くこと。
＊切腹《せっぷく》＝自分の腹を切って死ぬこと。
＊寛大《かんだい》＝思いやりがあり、むやみに人を責《せ》めないこと。

コラム

〜郷中《ごじゅう》教育《きょういく》を受けた偉人たち〜

郷中教育を受けた偉人には、西郷隆盛をはじめ、大久保利通、隆盛のいとこの大山巌《いわお》、日露戦争で活躍した東郷平八郎《とうごうへいはちろう》、山本《やまもと》権兵衛《ごんべえ》、隆盛とともに西南戦争で戦った村田新八などがいます。わずか、二百メートル四方の中に、これほどの偉人が生まれ育った理由の一つが、郷中教育でした。

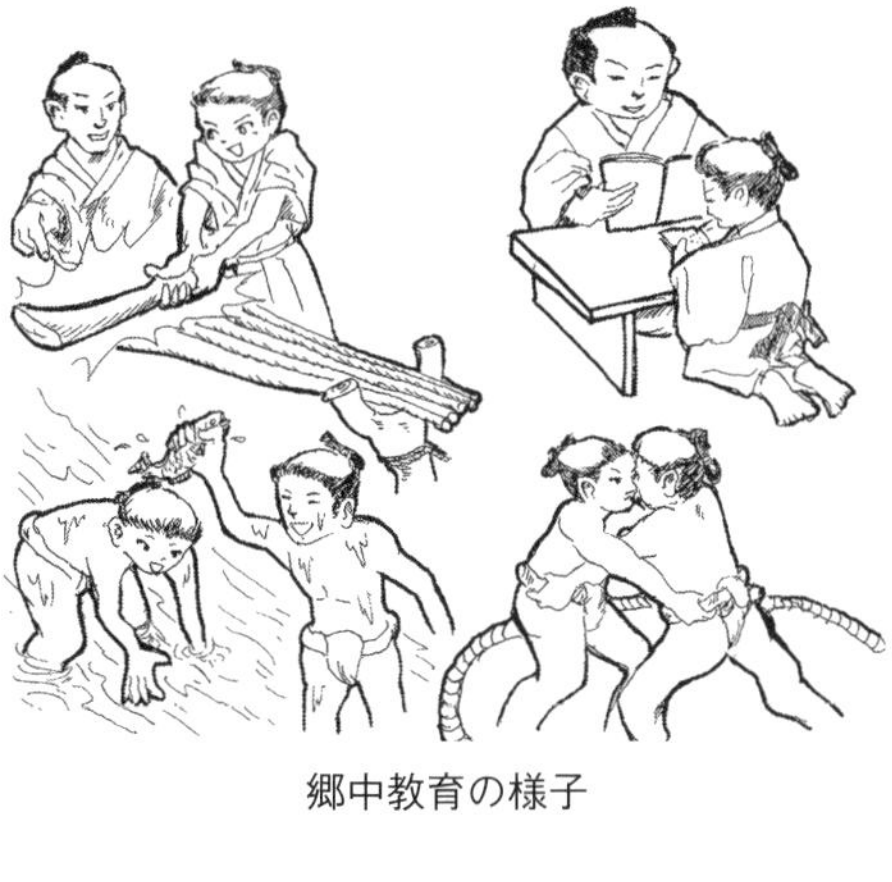

郷中教育の様子

【授業展開案】

1　対象学年　小学校三年以上

2　授業時間　二時間

3　指導計画

時	授業大テーマ	授業小テーマ
1	1　隆盛を育てた地域の力を知り、なぜ、偉人となったのかを考える。	①下級武士の長男として生を受けた隆盛 ②隆盛を育てた地域の力
2	2　エピソードを通して、隆盛の父の子育てについて知る。 3　父の背中を見て育った隆盛の姿に気づく。	③父の背中を見て育った隆盛

4　授業展開

○第一時

西郷隆盛のプロフィール（扉ページ）

発問1　西郷隆盛です。何をした人ですか。
指示1　プロフィールを全員で読みましょう。

読んだ後、何をした人か発表させる。ポイントを板書する。ポイントは「薩長同盟の成立や、王政復古を成功させた人物」。

下級武士の長男として生を受けた隆盛

本文を教師が読み、次のように展開する。

> 発問2　隆盛の家は、大家族でした。大家族であったことで、良かったことがいくつかあります。それは、何だと思いますか。

フリートークで意見を聞く。

> 指示2　大家族の良い点がわかる文に線を引きなさい。

家族全員で食事をしたり、上の者が下の者の面倒を見たりという生活の中で、社会のルールが学べたことを確認する。

隆盛を育てた地域の力

本文を教師が読み、次のように展開する。

発問3　薩摩出身の偉人には、どんな人物がいますか。（大久保利通《おおくぼとしみち》）
発問4　地域ごとに分かれ、厳しい訓練と教育が行われていました。これを何と言いますか。（郷中《ごじゅう》教育）

郷中教育が偉人を育てた理由であることに迫っていく。

発問5　郷中教育では、どのようなことをしていましたか。（剣術《けんじゅつ》、相撲《すもう》、水泳など。）
発問6　郷中教育では、誰が先生役をしていたのですか。（二才《にせ》と呼ばれる年長者。）
発問7　郷中教育で、なぜ、偉人がたくさん生まれたのですか。（実践に役立つ武術や運動を学んだから。）
指示3　そのことがわかる文に線を引きなさい。

郷中教育を受けた偉人に、大山巌、東郷平八郎、山本権兵衛、村田新八などがいることを確認し、郷中教育のすごさに気づく。

○第二時

父の背中を見て育った隆盛

隆盛を育てた父の子育てについての二つのエピソードを一つ一つ紹介していく。

一つ目のエピソードを、教師が読み、子どもにも読ませる。

発問8　刀を抜いた子どもの父は、何と言いましたか。
発問9　それに対して、隆盛の父は、何と言いましたか。
指示4　みんなで読みましょう。
発問10　なぜ、父は、「なかったことにしましょう。」と言ったのですか。（子ども同士のことゆえ。）
発問11　あなたは、隆盛の父を、どう思いますか。

次に、二つ目のエピソードを読む。

発問12　なぜ、隆盛の父は、お金を借りに行ったのですか。（土地を買って、百姓をするため。）
発問13　なぜ、隆盛の父は、隆盛を連れて行ったのですか。（「父の代で返せなかったら、お前が返すんだ。」という思いがあった。）

お金を借りに行った隆盛を見て、板垣がお金を快く貸したことについて問う。

発問14　板垣は、なぜ、快くお金を貸したのですか。（大きな目玉の大柄の吉之助を見て、将来大成すると考えたから。）

発問15　隆盛は、お金を返すことができたのですか。（できた。）

後年、倍の四百両を返済したことを確認する。
父の姿を見て、育った隆盛の言葉に注目する。

指示5　父の姿を見て育った隆盛は、次のように言っています。読みましょう。

最後に、日本の子育ての格言を覚える。

指示6　日本の子育ての格言「子は、親の背中を見て育つ」覚えましょう。

隆盛が、薩長同盟の成立や、王政復古を成功させたことを再度、確認する。

指示7　西郷隆盛の学習の感想をノートにまとめなさい。

第五章
弱虫をたくましく育てた父と姉

【坂本龍馬《さかもとりょうま》】（1835～1867）

土佐藩（現在の高知県）に生まれる。明治維新の立役者。薩長同盟・大政奉還を実現させ、明治政府の礎を築いた人。また、日本で初めての株式会社を設立するなど常識にとらわれない自由な発想のできる人物だった。明治政府の政策のほとんどが、龍馬の書いた「船中《せんちゅう》 八策《はつさく》」をもとにしている。1867年、志なかばで京都にて暗殺された。

［参考文献］①武田鉄矢原作・小山ゆう画『お～い！ 竜馬』小学館 ②司馬遼太郎『竜馬がゆく』文春文庫
③宮地佐一郎『龍馬の手紙』高知県立坂本龍馬記念館

弱虫だった龍馬

坂本龍馬と同じ時代に生きた薩摩藩《さつまはん》（今の鹿児島県西部）出身の西郷隆盛は、龍馬のことを次のように言っています。

世の中には、きちんとしたこころざしを持った人はおおぜいいて、おいどん（わたし）もそげな（そんな）人とは、なん人もつきあってきもした。でも、龍馬のように心がひろか人には、いまだに出会ったことがありもはん（ありません）。

西郷隆盛が「心のひろい」人と評した龍馬は、子どもの頃、どんな子どもだったのでしょう。

坂本龍馬は一八三五年、土佐藩（今の高知県）に生まれました。

父の八平は、郷士《ごうし》*という身分の低い武士でした。郷士は名字帯刀《みょうじたいとう》*を許された侍でしたが、他の侍からは、非常に差別されていました。

しかし、本家は才谷屋という大商人で、生活はたいへん豊かでした。

龍馬の家は、祖母、父と母、乳母《うば》*、兄一人（龍馬より二十一歳年上）、姉三人、めいの春猪《はるい》*と女性が多く、末っ子の龍馬は家族からたいへんかわいがられて育ちました。

龍馬は、幼いころ、甘えん坊で弱虫で、ほとんど言葉をしゃべらなかったといわれています。

十歳になっても、鼻水をたらして、しょっちゅうオネショをしていたので、周りの友だちから、「さかもとのよばあたれ*」とバカにされていました。

十二歳のとき、塾に入りましたが、授業中もぼーとして、ほとんど話を聞いていなかったため、成績も悪く、通学の途中に友だちからバカにされていました。

龍馬は、バカにされても言い返すこともできず、いつも泣いて帰っていたといわれています。

父・八平の怒り

龍馬が十二歳のころ、塾で友だちとけんかになりました。

いつもからかわれると泣いていた龍馬が、その日は言い返しました。怒った相手は刀をぬいて龍馬に切りかかりました。とっさに龍馬は、机にあった筆入れで刀を間一髪でとめました。

これを聞いた塾の先生は、「このけんかの非は、相手にある。」と、切りかかった相手をただちにやめさせました。

そのことを聞いた父、八平は龍馬に言いました。

「刀をぬいた奴も悪いが、刀をぬかせた龍馬も悪い。塾にはもう行くことはならん。」

龍馬が塾をやめた年、母の幸が亡くなりました。幸は、体が弱く、結核*という病気でした。

幸は龍馬の将来のことを、とても心配しながら亡くなったそうです。

龍馬を教育した姉・乙女《おとめ》

塾をやめた龍馬ですが、じつはそれより前に先生から、
「ほかの子どもたちのじゃまだから、やめてもらいたい。」
とあきらめられていたそうです。

かわりに龍馬を教育したのは、四歳年上の姉、乙女でした。

乙女は亡き母、幸のためにも、泣き虫だった龍馬をなんとかして、強い男にしてやりたいと、熱心に教育をしました。

朝から勉強を教え、昼からは乙女みずから竹刀《しない》を持って剣術のけいこをしました。

「勉強ができないなら、まずは体をきたえなさい。剣術を教えてあげるから、庭においで。」

けいこ中の乙女は、やさしいだけの姉ではありませんでした。

「人に笑われて、くやしくないのですか。ばかにされたくなかったら、強い男におなりなさい。」

と、まったく手かげんなどせずに龍馬が立てなくなるほど、何度も打ちすえました。

龍馬はべそをかきながらも、必死になって向かっていき、あきらめずに乙女にくらいついていきました。

乙女は泳げない龍馬を川へと連れて行き、体に縄を巻き、そこに竹ざおをくくりつけて泳ぎの特訓をしました。

龍馬の姉、乙女

乙女は、龍馬が十四歳になった時、日根野弁治《ひねのべんじ》の剣術道場に通わせました。本格的な剣術との出会いによって、龍馬は大きく成長していきました。体格も大きく剣の筋もよかった龍馬は、本人もまわりもおどろくほど上達しました。

乙女の二年間の特訓のうえに、龍馬は、自分で努力を重ね、初めて自分に自信を持てるものを見つけたのです。それから、龍馬は熱心に剣術の修行に打ちこみました。

姉の乙女に世話になったことを、龍馬はのちのちまで感謝しています。龍馬は日本中をまわりながら、乙女にたくさん手紙を出しました。

たくましく育った龍馬

ある夏の日のこと、龍馬が大雨の降る中を傘もささずに、ふんどしで川に向かっていました。そこへ来た日根野弁治先生とばったり会いました。先生が、

「こんな雨が降っておるのに、おんしは、川へ泳ぎにいくのかよ。」

と言うと、龍馬はけろりとして、こう答えました。

「川に入れば、どうせぬれるだろう。水も川も雨も同じじゃ。」

ここには、もう泣き虫で弱虫だった龍馬の姿はありません。

十六歳の龍馬が作った歌が残っています。

世の人は　われをなんとも　ゆはばいへ　わがなすことは　われのみぞしる

【意味】世の中の人が言いたいのであれば、自分のことを何とでも言いたいだけ言えば良い、でも自分のやりたいことは自分だけが知っているのだ。

十九歳になった龍馬は、さらに剣術修行のために江戸へ旅立ちました。このとき父の八平は、龍馬に『修行《しゅぎょう》中《ちゅう》心得《こころえ》大意《たいい》』という三か条の心得を与えました。

この二年後、龍馬が二十一歳の時に、父、八平は亡くなりました。龍馬は父の死にショックをうけ、悲しみのあまり、数日間、食事も喉を通らなかったといわれています。

龍馬は、この心得書きを大事に紙に包み、「守」の一字を書き、後々まで肌身から離さなかったといわれています。

＊郷士＝江戸時代の最も身分の低い武士。

（現代語訳）

修行中心得大意

一　いつでも忠孝を忘れずに、修行を第一にすること。

一　道具ばかり買って、銀銭の無駄遣いをしないこと。

一　色恋にうつつを抜かし、国の大事を忘れるような心得違いをしないこと。

右の三か条を胸に刻んで修行を積み、めでたく帰国するように。

＊名字帯刀＝名字を名のり、刀を腰にさすこと。
＊乳母＝母親にかわって子に乳を与えて世話をする女性。
＊めいの春猪《はるい》＝龍馬の兄の子ども。めいは兄弟姉妹のむすめのこと。
＊よばあたれ＝しょんべんたれ
＊結核＝結核菌《けっかくきん》を吸いこむことによって起こる感染症《かんせんしょう》。

坂本龍馬《さかもとりょうま》
（高知県坂本龍馬記念館所蔵）

【授業展開案】

1 対象学年 小学校五年以上

2 授業時間 二時間

3 指導計画

時	授業大テーマ	授業小テーマ
1	龍馬の幼少期の様子を知る。	①龍馬の幼少期を知る。 ②父や姉が龍馬に厳しくした理由を考える。
2	龍馬の父と姉の子育てを通して、将来、どのような親になりたいかを考える。	③龍馬がたくましく成長した理由を考える。 ④自分は、どのような親になりたいかを考える。

4 授業展開

○第一時

弱虫だった龍馬

指示1 江戸時代の終わり頃の人物、坂本龍馬です。扉ページの「坂本龍馬」の説明を読みなさい。

全員で読ませる。「薩長同盟」「大政奉還」「株式会社」「船中八策」の用語を簡単に説明する。

発問1　坂本龍馬は、どんな人ですか。
指示2　これ以外に知っていることを発表しなさい。

テレビのドラマを見たり、歴史マンガを読んだ子に発表させる。
六十六ページうしろから一行目まで教師が読む。

発問2　同じ時代を生きた西郷隆盛は坂本龍馬のことをなんと言っていますか。

一人を指名して、西郷隆盛の言葉を読ませる。この後、全員で読む。

指示3　今までの勉強から、坂本龍馬は子どもの頃、どんな子どもだったと思いますか。ノートに書きなさい。

かしこかった。えらかった。なんでもできた。明るい子どもだったなどが出るだろう。
六十七ページの五行目まで読む。教師が読んで、子どもにも読ませる。

指示4　龍馬はどんな子でしたか。ノートに箇条書きしなさい。

弱虫、泣き虫、成績も悪い、よばあたれ……一つもいいことがない子だった。

父・八平の怒り

教師が読んで子どもにも読ませる。（子どもは斉読、個人読み、代表読みなど、飽きないように、いろいろな読み方をさせる。）

発問3　龍馬の父はどんな人でしたか。

厳しい人。責任感の強い人。

○第二時

龍馬を教育した姉・乙女

乙女姉さんに育てられた部分を読む。

指示5　乙女姉さんは龍馬にどんなことをしましたか。

①勉強を教える　②剣術のけいこ　③泳ぎの訓練

発問4　乙女姉さんの努力で、ひとことで言って龍馬はどんな人になりましたか。

強い人、たくましい人、おおらかな人、小さいことを気にしない人。（日根野弁治先生との会話から。）

たくましく育った龍馬

指示6　龍馬が作った歌を全員で読みなさい。

歌を読んだ後、その意味も読ませる。ここまでの感想を発表させる。
人は変われる。弱虫でも強くなれる。子どもたちにとって、希望を持たせるお話である。

指示7　「修行中心得大意」を全員で読みなさい。

「忠孝」の意味を話す。「忠」は君主に対する忠義。「孝」は親に対する孝行。

発問5　坂本龍馬の学習から、人が立派な大人になるにはどんなことが必要といえますか。
指示8　ノートにあなたの考えを書きなさい。

鍛えられること、勉強や剣術、教えを守ること、努力すること……たくさん出る。

発問6　あなたは龍馬の父や姉をどう思いましたか。
指示9　ノートに書きなさい。
発問7　あなたはどのような親になりたいですか。
指示10　ノートに書きなさい。

それぞれ発表させる。最後に授業の感想を書かせて終わる。

第六章

親の教えをつらぬいた諭吉

【福沢《ふくざわ》諭吉《ゆきち》】（1835～1901）

近代教育の礎を築いた教育者・思想家。文明開化の明治時代に学ぶことの大切さを人々に説いた。適塾に入門し、蘭学などの西洋学問を学んだ。25歳で幕府の使節団一員となり、欧米諸国を回った。後に私塾・慶應義塾《けいおうぎじゅく》を創設し、日本を担う人材を多数輩出した。

主な著書『学問のすゝめ』『西洋事情』

［参考文献］①福沢諭吉『福翁自伝』講談社学術文庫　②福沢諭吉『福翁百話現代語訳』角川ソフィア文庫

諭《ゆ》吉《きち》と父の姿《すがた》

福沢諭吉は、一八三五年一月十日、大坂にある中津藩（現在の大分県）の蔵屋敷《くらやしき》に五人兄弟の末っ子として生まれました。父は、藩のお金を管理する仕事をしており、物知りですぐれた役人でした。しかし、この時代はほとんど生まれた時から身分が決まっていました。下級藩士《かきゅうはんし》でもあり、身分格差の激しい中津藩では、出世することができませんでした。

父は、諭吉をお寺のお坊さんにしたいと思っていました。お坊さんならば、学問で優秀なら偉くなれたからでした。

しかし、諭吉が一歳の時、父は病気で亡くなり、福沢家は中津（大分県）に帰りました。ある日、あとを継いだ兄に、諭吉は次のように言いました。

兄上、近所の子と呼ばれ方が違います。なぜ親の身分が高い子は「あなた」と呼ばれるのに、わたしは「おまえ」なのですか。同じ子どもなのに。

諭吉は、小さいながら、このことに疑問を感じていました。江戸時代の武士は門閥《もんばつ》（家柄《いえがら》）制度という身分制で上下の身分がきびしく分かれていました。いくら力があっても、身分制の世の中では、能力を存分に発揮できなかったのです。晩年、諭吉は次のようにも言いました。

門閥制度《もんばつせいど》は親の敵で御座《ござ》る

諭吉は、江戸時代の門閥が優先される封建制度《ほうけんせいど》に疑問を感じていたのでした。

諭吉を育《はぐく》んだ母の思いやり

諭吉の母について、次のようなエピソードが残っています。

中津での福沢家の生活は苦しく、母はいつも働いていました。掃除《そうじ》、洗濯《せんたく》、食事の準備と後片づけなど家事をこなし、休む暇《ひま》なく昼も夜も糸をつむぎ、はたを織って生計を立てていました。

諭吉は母の側にいるのが大好きでした。そんな我が子に、母は亡き父の話をたくさんしました。

「お父さんほど勉強した人は中津でもめったにいませんよ。」

「お父さんは曲がったことが嫌いな人でした。」

諭吉は母から亡き父の話を聞くのがとても楽しみでした。

母の話を聞いた諭吉は父に対して、いつしか尊敬の気持ちを抱くようになりました。母が父を心から尊敬していたことが諭吉にも伝わっていたのです。

母の子育てについての考えがわかるエピソードがまだあります。

諭吉の母

諭吉の近所にとても貧しい女の人がいました。着物はぼろぼろで髪の毛にはシラミ*がたかり臭いもひどかったようです。諭吉の母は、その貧しい女の人を見かけると家の中に呼びました。嫌な顔もせずシラミを捕ってやり、おむすびを与えたりしました。

庭先で母がシラミをとり、それを石の上でつぶすのが諭吉の役目でしたが、諭吉はそれを嫌がっていました。シラミとりを嫌がる諭吉に、

「出来る人が出来ない人のためにしてやる、それはあたりまえのことだよ。」

と、母は諭吉に優《やさ》しく諭《さと》したのでした。

母は自らの姿を通して、生きていく上で大切なことを諭吉に伝えていったのです。

師《し》とめぐりあった適塾《てきじゅく》

諭吉に、父譲《ゆず》りの学問に対する志が芽生える出来事が起こります。

諭吉が十九歳の時、兄が長崎で仕事をすることになりました。諭吉も兄の勧めで中津を出て、長崎で西洋の学問である蘭学《らんがく》（オランダの学問）を学ぶことになりました。勉学にはげみ、オランダ語が上達した諭吉は、翌年から大坂で有名な蘭学者・緒方洪庵《おがたこうあん》の適塾《てきじゅく》*で学ぶことになりました。門弟が三千人といわれるほどの大きな塾です。

緒方洪庵《おがたこうあん》
（1810-1863）

適塾の先輩《せんぱい》に橋本左内《はしもとさない》という人物がいました。左内は夜になるとこっそりと町に出ることがありました。不思議に思った諭吉は左内の後をついて行きました。医学を学んでいた左内は貧しい人たちの診《しん》療《りょう》をしていたのです。母のシラミのエピソードと重なり、諭吉は左内を尊敬していきます。こうして諭吉は、適塾で、師と、尊敬する先輩と出会い、学問を志していきます。

橋本左内《はしもとさない》
(1834-1859)

諭吉の背中を押《お》した母

諭吉が二十二歳の時、兄が病死し、諭吉は家のあとを継ぐために適塾から中津に呼び戻されてしまいました。戻った我が家は、兄の医療費のため、多額の借金をしていました。諭吉は適塾で学んだことを生かせず、勉強もできなくなりました。しかし、中津を出て再び学問に没頭したいという思いがしだいに強くなり、ついに諭吉は意を決して母に次のように打ち明けました。

「大坂に出て学問で身を立てたい。」

母はそんな諭吉に、

「兄が死んだけれども、死んだものは仕方がない。お前もまたよそに出て死ぬかもしれぬが、死生の事は一切言うことなし。どこへでも出て行きなさい。」

と言ったのです。

親戚の人の大反対がありましたが、諭吉は母の後押しのおかげで再び適塾に戻ってきました。その後、江戸で学び、幕末の使団の一員としてアメリカ・ヨーロッパに渡りました。江戸に開設した蘭学塾（現在の慶應義《けいおうぎ》塾《じゅく》大学）は、日本を担《にな》う人材を多数育てることになりました。

母の強い後押しがあったからこそ、諭吉は学問の道に進み、そして日本の近代教育を支える人物となることができたのです。

教訓*「ひびのおしえ」の中に、諭吉は、

世の中に父母ほどよきものはなし。
父母よりしんせつなるものはなし。

と書いています。心にしっかりときざんでおきましょう。

親は子どものことを思い、いつも子どものことを考えているというのは、今も昔も変わらないのです。

*蔵屋敷《くらやしき》＝江戸時代に大名（藩《はん》）が年貢米《ねんぐまい》やその地方の特産物を販売《はんばい》するために設置した倉庫と家のこと。大坂に数多くあった。
*下級《かきゅう》藩士《はんし》＝武士ではあるが、武士の中でも上級と下級に分かれており、下級藩士は武士の中での身分は低かった。
*シラミ＝人間の毛の中や衣服について血を吸う害虫《がいちゅう》。清潔《せいけつ》にしていない場合に人間につくことがある。
*適塾《てきじゅく》＝蘭学者《らんがくしゃ》（オランダの学問）・医者として知られる緒方洪庵《おがたこうあん》が江戸時代後期に大坂に開いた蘭学の塾。幕末から明治維新にかけて活躍する人材を多く育てた。

＊教訓《きょうくん》＝良いとされる考えを、教え導《みちび》くこと。

【授業展開案】

1　対象学年　小学校五年以上

2　授業時間　一時間

3　指導計画

時	授業大テーマ	授業小テーマ
1	親はどういう思いを持って子どもを育てているのかを考える	①身分制度の矛盾 ②母の教え ③橋本左内の行動 ④母の後押し

4　授業展開

福沢諭吉のプロフィール（扉ページ）

> 発問1　福沢諭吉です。何をした人ですか。
> 指示1　プロフィールを全員で読みましょう。

読んだ後、何をした人か発表させる。ポイントを板書する。ポイントは「近代教育の礎を築いた人」。

諭吉と父の姿

教師が読み、そのあと、諭吉の時代の身分制について取り上げる。

発問2　江戸時代の身分制を、みんなはどう思いますか。

フリートークで意見を聞く。身分制が不公平なものだったことを確認する。

発問3　諭吉の父は出世することができましたか。（できない。）
発問4　お父さんは諭吉を、何にさせたかったのですか。（お坊さん。）

父の身分制度に対する思いに気づかせるために、次のように問う。

発問5　お父さんはなぜお坊さんにさせたかったのですか。（身分が関係ないため。）

父の死、中津での出来事を確認する。

発問6　諭吉は、この身分制を何と言っていますか。（親の敵。）

説明1　諭吉はこの身分制に強い疑問を持っていたからこそ、後に有名な言葉になる、「天は人の上に人をつくらず」という言葉を残したといえるでしょう。

諭吉を育んだ母の思いやり

母の一つめのエピソードを読む。

指示2　お母さんのお父さんに対する思いが書かれている文に線を引きなさい。
発問7　お母さんは、お父さんのことをどう思っていましたか。（立派な人。）
発問8　お母さんからこういうお話をよく聞いていると、みんなはどう思いますか。

尊敬していくことを確認し、二つめのエピソードを読む。

発問9　お母さんは、貧しい人に対してどんな行動をとりましたか。（助けてあげる。）
発問10　自分がお母さんなら、その貧しい人に対してどんな行動をとりますか。

ここで子どもたちの意見を発表させる。それぞれの意見の理由も合わせて聞いていく。

指示3　お母さんがこのようにした理由がわかる文に線を引きなさい。
発問11　お母さんのこのような態度を、みんなはどう思いますか。

意見交換をさせる。

師とめぐりあった適塾

適塾での橋本左内の行動を読む。

発問12　諭吉は適塾で何を学びましたか。（蘭学。）
発問13　橋本左内は、夜、何をしていたのですか。（貧しい人の診療。）
発問14　橋本左内のとった行動は、誰の考えと同じと言えますか。（母。）
発問15　お母さんは、出来ない人にどうしろと言ったのですか。（出来る人が助ける。）
発問16　橋本左内の行動をどう思いますか。

意見交換をさせる。

諭吉の背中を押した母

諭吉のその後の行動を読む。

指示4　お母さんが諭吉を決心させた言葉に線を引きましょう。
発問17　この時、お母さんは、なぜそのようなことを言ったのでしょうか。

意見交換をさせる。

福沢諭吉がその後、『学問のすゝめ』などの著作で多くの人々の考えに影響を与え、慶応義塾大学では多くの人を育て、日本の近代教育の基礎を築いたということを確認する。

指示5　諭吉の書いた教訓をみんなで読みましょう。

指示6　福沢諭吉の学習の感想をノートに書きなさい。

感想を発表させる。

第七章

エジソンを育てた母の愛

【トーマス・アルバ・エジソン】

（1847〜1931）

アメリカ　オハイオ州ミラン出身。発明王とよばれ、せんぷう機やアイロン、蓄音機など、生涯に3000以上の発明を行った。

「天才とは、１％のひらめきと99％の努力である。」という名言を残した。

［参考文献］①ヘンリー幸田『天才エジソンの秘密　母が教えた７つのルール』講談社
②桜井信夫『エジソン　おもしろくてやくにたつ子どもの伝記10』ポプラ社

母親と二人で学ぶエジソン

エジソンは、小さいころから、何でも知りたがる少し変わった子どもでした。そんなエジソンのことをだれよりも理解してくれたのは、母親のナンシーでした。

エジソンは、小学校の先生にいつも「どうして？　なぜ？」と質問ばかりしていました。

「一つのねんどに、もう一つのねんどをたすと、一つになるよ。どうして1＋1＝2なの？」

「なぜ風はふいてくるの？」

「ニワトリの卵はなぜ、ヒヨコになるの？」

「うるさい！　ちゃんと算数の勉強をしなさい！　お前なんか勉強したってむだだ！」

あまり質問をするので、エジソンは、先生にしかられて家まで泣いて帰りました。

母ナンシーは、すぐに先生のところに話を聞きにいきました。そこで、先生が、「お前なんか勉強したってむだだ！」と言ったことを知ると、

「もうけっこうです。息子の教育は、自分でします。」

と言って、先生に怒り、エジソンを退学させました。

ここからエジソンと母ナンシーの二人の学校が始まります。

「アヒルのたまごがなぜヒナになるのか。」

ある日、こんなことに疑問をもったエジソン。母のナンシーに質問してみました。

エジソンの母
ナンシー

「お母さん、なぜ、卵がヒナになるの？」

「アヒルのお母さんが卵をだいて温めるからよ。」

「なぜ、温めるとヒナになるの？」

「さあねぇ、どうしてだろうね。自分でやってみればわかるかもしれないね。」

母の言葉に、エジソンは本当に卵を温める実験をしました。エジソンは、朝も昼も卵を胸にだいて、温め続けました。二日間温めても、卵からヒナはかえりませんでした。「どうしてだろう」とがっかりするエジソンに、ナンシーは声をかけました。

「残念だったわね。百科事典で調べてごらん。」

二人で百科事典を調べると、ヒナがかえるまで三週間温め続けないといけないことがわかりました。ナンシーは、卵がかえらないことを知っていました。しかし、最初から答えを教えるのではなく、失敗を次に活かせるように、一緒に百科事典で調べたのです。

このような母親の教えから、エジソンはわからないことは調べたり、実験したりする大切さを学んでいったのです。

ビジネスの基本を学んだエジソン

九歳になったエジソンに、ナンシーは、高校生用の化学実験の本をプレゼントします。その本を読んで実験をしたくなったエジソンは、家の地下室に実験室を作ることにしました。そして、実験材料をそろえるために、家の畑でとれた野菜を売ることを思いつきます。箱車にたくさん野菜をつみ、はりきって市場に向かったエジソン。さて、野菜は売れたでしょうか。

なんと、一つも売れなかったのです。

「どうして売れなかったのだろう。」

頭をひねっているエジソンにナンシーは話しかけました。

「トマトに、キュウリ、どこの家でも作っている野菜じゃないの。」

「そうか！　みんなが作っている野菜を売りに行っても買うわけないね。」

「それじゃ、どうするの？」

ナンシーは、ここでも答えを教えません。エジソンに考えさせました。

「ぼく、明日は町の人たちに、何がほしいか聞いてくる。」

次の日、エジソンが町の人に聞いてみると、メロン、スイカ、さくらんぼ、レタス、ホウレン草、キャベツにタマネギが人気があることがわかりました。

そこで、エジソンは、人気のある野菜を作っている近所の人から、余っているものを安く買い取り、市場で売ることにしました。その後、新鮮な野菜を毎日配達するビジネスを始めたのでした。

「どんなによいものでも、みんながほしがっていないものは売れない。」

エジソンは、九歳にしてビジネスの基本を学んだのでした。

夢を捨ててはいけないよ

エジソンは、左耳がほとんど聞こえません。十二歳の時に、左耳を強く引っ張られたからだといわれています。右耳も熱の後遺症*で聞こえにくくなっていました。

しかし、「音が聞こえにくい」ということが、大人になってからの大発明につながるのです。

蓄音機という機械を発明したのは、エジソンが三十歳の時のことでした。蓄音機は、音を録音して再生する機械です。

音が聞こえにくいエジソンが、どうして音に関係する発明ができたのでしょうか。

エジソンは、ベートーベンの「月光」という曲が好きでした。その音楽をはっきりと聞きたくて、演奏しているピアノに近づきました。

しかし、耳が不自由ですから聞こえません。もっとよく聞こうとピアノに耳をつけました。

それでも、聞こえません。「もっと聞きたい！」そう思ったエジソンは、とうとうピアノをかみました。すると、びっくりする発見をしたのです。歯にゆれを感じました。そう、音はふるえるのです。このことを見つけたエジソンは、音のふるえを記録することを思いついたのです。

エジソンは後に、

「わたしは耳が悪かった。だから蓄音機を発明することができたんだよ。」

と語っています。

子どものころ、音がだんだん聞こえにくくなっていたエジソンは、落ち込んでいきました。しかし、母ナンシーの言葉に救われたといいます。

「少しくらい耳が聞こえなくたって、いいじゃないの。健康な体で、りっぱな目と鼻もついている。しっかり努力を続けていれば、きっと道は開ける。夢を捨ててはいけないよ。」

困難*なことがあっても、あきらめない大切さを母から学んでいたエジソン。ついに、世紀の大発明をします。長く明かりのともる電球のフィラメントを発明するのです。フィラメントは、電球の光る部分です。これまでの電球は、二日間しかともらなかったのですが、エジソンの発明したフィラメントは、一〇〇日間もともるものでした。

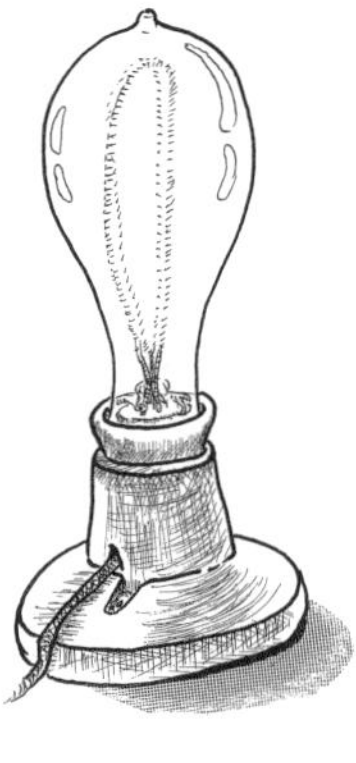

自分で考えて行動する、何があってもあきらめない生き方

しかし、簡単に発明できたわけではありません。長時間ともるフィラメントの材料として日本の京都の竹がよいとわかるまでに、一万四千回も実験を続けました。実験が一万回をこえた時、助手からこんな質問をされました。

「一万回も失敗して、まだ続けるのですか？」

その質問に、エジソンは、次のように答えました。

「わたしは失敗なんかしたことはないよ。一つ一つ、うまくいかないことを確認したんだ。それが重なって、いつか成功する。あきらめることが失敗なんだ。」

決してあきらめない大発明家エジソン。日記には、母への感謝の言葉が記されています。

「何があっても、支えてくれた母がいたから、今のわたしがある。母だけは何があってもあるがままのわたしを理解してくれた。どんなに苦しい時でも母を喜ばせたくてわたしは努力を続けることができた。すべて母のおかげだ。」

＊後遺症《こういしょう》＝病気やけががなおった後も残《のこ》っている生活しにくい症状《しょうじょう》。
＊困難《こんなん》＝物事をするのが非常《ひじょう》にむずかしいこと。

【授業展開案】

1 対象学年 小学校三年以上

2 授業時間 二時間

3 指導計画

時	授業大テーマ	授業小テーマ
1	1 エジソンの子ども時代について知る。	① 三千以上もの発明をしたエジソン ② 母親と二人で学ぶエジソン
2	2 フィラメント発明の苦労を知る。 3 エジソンの生き方のすばらしさについて考える。	③ 一万四千回の実験を行ったエジソン ④ 自分で考えて行動する・何があってもあきらめない生き方

4 授業展開

○第一時

エジソンのプロフィール（扉ページ）

発問1 たくさんの発明をしたエジソン。発明王と呼ばれていました。いくつ発明したと思いますか。

指示1 プロフィールを全員で読みましょう。

読んだ後、何をした人か発表させる。ポイントを板書する。ポイントは「発明王」である。

エジソンが発明したものについて知り、私たちの生活を支える発明を多くした偉人であることを伝える。

母親と二人で学ぶエジソン

発問2　エジソンは子どもの時、何でも知りたがる子どもでした。

「一つのねんどに、もう一つのねんどをたすと、一つになるよ。どうして1＋1＝2なの？」

「なぜ風はふいてくるの？」みんながこんなふうに聞かれたら、何て答えますか。


近くの人同士で相談させて、発表させる。（エジソンは、先生に怒られてしまう。）

発問3　先生に怒られて、泣いて帰ってきたエジソンを母親のナンシーはどうしたでしょう。

三択で選ばせる。①泣いた。②先生を叱った。③エジソンを叱った。正解は、②。

この後、エジソンは、母と二人で勉強をする。

発問4　アヒルのヒナを卵からかえそうとして、かえらないとわかった時、母親はどうしたと思いますか。
発問5　売りに行った野菜が売れない時、母親はエジソンに何と言ったでしょう。

資料を読みながら発問していく。いずれも、「教えない。一緒に考える」が正解である。エジソンの子ども時代は、自分で考えてやってみることの繰り返しであったことを確認する。

○第二時

夢を捨ててはいけないよ

蓄音機の写真を提示する。音を録音する機械であることを話す。

説明1　エジソンは、音楽を聴くのが大好きでしたが、実は、耳が不自由で音が聞こえにくかったのです。しかし、エジソンは、耳が不自由だったからこそ、蓄音機を発明できたと言っています。

発問6　エジソンが蓄音機を発明したきっかけはなんだったでしょう。一つ選びましょう。

①人からたのまれた、②お金もうけができると思って、③ピアノの音をよく聞きたくて調べた。正解は③。

資料を読んで確かめる。以降、同じように発問の後に資料で確かめるように進める。

> 発問7　耳が聞こえにくいからと、考えることをやめていたら、発明はできなかったのです。
> 　エジソンは、どんな人だと思いますか。

「あきらめない人」「がんばる人」「希望をすてない人」などが出るだろう。

次に、フィラメントの写真を見せて、説明をする。

エジソンが発明する前に、イギリスのスワンが先に発明していたが、四十時間（約二日間）しか明かりがもたなかった。

> 発問8　エジソンが発明したフィラメントの寿命はどれくらいあったと思いますか。（約百日間。）
> 発問9　この大発明をするまで、どれくらい実験をしたと思いますか。（一万四千回。）

資料を読んで、確認する。

発問10　エジソンは、どんな人だと思いますか。

「あきらめない人」「がんばる人」「希望をすてない人」「ねばり強い人」

自分で考えて行動する・何があってもあきらめない生き方

発問11　実験が一万回を超えた時、助手に次のように言われました。
「一万回も失敗して、まだ続けるのですか？」
みんながエジソンならば、何と答えますか。

フリートークで話をさせるようにする。
資料を読んで確認し、改めてエジソンの言葉「あきらめることが失敗なんだ。」を読ませる。

指示2　エジソンの授業の感想をノートにまとめなさい。

第八章

英世を育てた母の愛

【野《の》口《ぐち》英世《ひでよ》】（1876～1928）

福島県に生まれる。名は、清作《せいさく》。ロックフェラー医学研究所の研究員。細菌学者《さいきんがくしゃ》として数々の論文を発表し、ノーベル賞の候補に３度もなった。1918年、それまでワクチンのなかった黄熱病《おうねつびょう》の病原体《びょうげんたい》を発見した。その後、世界各地で黄熱病の研究を続けたが、1928年、ガーナのアクラにて黄熱病にかかり亡くなった。

［参考文献］①関山英夫『野口英世』小学館　②関山英夫『野口英世』集英社　③浜野卓也『野口英世』ポプラ社おもしろくてやくにたつ子どもの伝記（1）　④馬場正男『野口英世』ポプラ社文庫　④井出孫六『野口英世』岩波ジュニア新書

英世の誕生《たんじょう》と母の姿《すがた》

　野口英世は、一八七六年、福島県に生まれました。父・佐代助、母・シカの長男として生を受け、「清作《せいさく》」と名付けられました。清作の家は、父・母・姉・清作・祖母の五人家族でした。田や畑がわずかしかなく、とても貧しい暮らしでした。

　清作の父は、稼いだお金を全部、お酒やバクチ*に使ってしまったり、家のことを何もしなかったりと、あまり良い父親ではありませんでした。

　清作の母には、こんなエピソードが残っています。

　一八六八（慶応四）年、若松城を攻め落とした官軍《かんぐん》*は、勢いにのって、清作（英世）の生まれ故郷になる翁《おきなじ》島村《むら》を焼き払おうとやってきました。そのとき、一人の少女が、官軍の陣地にやってきて、

「どうか罪のないふつうの人の家を焼かないで。」

と言ったのです。

　この少女が、清作の母となるシカでした。この時、十六歳。十六歳の少女の行動が、大勢の村人を助けたのでした。

　清作が、一歳半の時、運命の日がやってきました。シカが畑仕事に出た後、ハイハイをしていた清作が火種のある囲炉裏《いろり》*の中に手を突っ込んでしまいました。泣き叫ぶ清作をシカは、抱き上げ、お経を唱

え、無事を祈りました。

シカの看病により、清作のやけどは治りましたが、左手は指がくっついてしまい、まるで松の木のようになってしまいました。

英世を育てた母の愛《あい》

英世の母の子育てについて、次のようなエピソードが残っています。

シカは、清作にやけどをさせてしまったことで、自分を激《はげ》しく責《せ》めました。

シカは、目を離してしまったことを悔やみ、二十一日間も、お経《きょう》を唱え続けました。シカが、清作をいかに大切にしたかがわかるエピソードが残っています。

清作が学校に通うようになると、清作の左手を見て、「てんぼう（手が棒）」と、からかわれるようになりました。そして、とうとう清作は学校に行かなくなってしまいました。それを知った母・シカは、清作を抱きしめ、

囲炉裏に手を突っ込んでしまった清作

「許しておくれ、それというのも母さんのせいだよ。」
と泣きました。しかし、その後、母・シカは、
「勉強で見返してやれ、辛抱《しんぼう》しておくれ。」
と言ったのです。

シカは、英世に、「勉強で見返してやれ。」と今後の英世のこと考え、激励《げきれい》したのでした。

英世に受《う》け継《つ》がれた母の行動力

シカは幼い時、家の手伝いをしなければならず、寺子屋《てらこや》*に行くことができませんでした。そのため、文字を読んだり、書いたりすることができませんでした。シカは、子どもたちが学校で文字を習っている様子を見て、先生に頼み込んで文字を習うようになりました。シカは、この後、猛《もう》勉強をし、助産師《じょさんし》*として、たくさんの子どもを出産させるようになりました。

シカのこの行動力が、清作にも受け継がれました。

清作は、夜になると、ランプの明かりで勉強しました。しかし、清作の家では、十分な油が買えず、かまどや囲炉裏《いろり》の明かりで勉強をしていました。しかし、あまり明るくないため、友だちの家で勉強をさせてもらっていました。

四年生に上がる頃には、清作は生徒の中で一番の成績をおさめ、学年の代表に選ばれ、生長《せいちょう》＊に任命されるまでになりました。

十五歳の時、英世が通っていた学校の教師や同級生が募金を集め、英世の左手の手術代を出してくれました。こうして手術を受けた結果、英世は左手の指が使えるようになりました。このことがきっかけになって、英世は将来、医者になろうと決心したのです。高等小学校を卒業した後、左手の手術を受けた病院の薬局生《やっきょくせい》＊として勉強することになりました。その後、医者になった英世は、蚊によってウィルスが人間の体に入り、高い熱が発生し、死亡するという黄熱病《おうねつびょう》の病原体《びょうげんたい》を発見しました。

永遠《えいえん》に続く母の愛《あい》

英世は母と一緒《いっしょ》に旅行をすることがありました。その時のエピソードです。

英世が、母・シカや恩師《おんし》を連れて、関西《かんさい》見物に周ったことがありました。大阪城を見た後、有名な箕面《みの》の滝《たき》を見るために、「琴《こと》の家」という料亭に入りました。まわりには、大阪高等医《い》学校の校長や関西医学会の名士も一緒でしたが、英世は、ひたすら母を相手に食事をしたそうです。出された料理を一つ一つ母に説明しながら、自分のはしで、

左：母・シカ、右：野口英世

ごちそうをつまんでは、母の口に運んでやったのでした。

英世が母を大切にしていることが伝わってくるエピソードです。

また、母・シカも英世のことを大切に思っているのでした。

＊バクチ＝花札《はなふだ》やトランプなどを使って、金品をかけて勝負を争うこと。
＊官軍《かんぐん》＝政府《せいふ》の軍隊《ぐんたい》。
＊囲炉裏《いろり》＝室内を切り抜《ぬ》いて、暖房《だんぼう》や料理に使う火をたくようにした場所。
＊寺子屋《てらこや》＝江戸《えど》時代《じだい》の勉強する場所のこと。
＊助産師《じょさんし》＝赤ちゃんができてから、産まれるまでの相談にのったり、出産を助ける人。
＊生長＝先生の代わりになって、小さい生徒を教える人のこと。当時、清作は、二十五銭〔一銭＝約二百円〕のお給料をもらっていた。

【授業展開案】

1 対象学年　小学校三年以上

2 授業時間　二時間

3 指導計画

時	授業大テーマ	授業小テーマ
1	1 大やけどをしてしまった英世に対する母の行動から、母の愛を考える。	① 英世の誕生と母の姿 ② 英世を育てた母の愛
2	2 英世の行動力は母譲りであることを知る。 3 英世が母を大切に思う気持ちを読み取る。	③ 英世に受け継がれた母の行動力 ④ 永遠に続く母の愛

4 授業展開

○第一時

野口英世のプロフィール（扉ページ）

> 発問1　野口英世です。何をした人ですか。
> 指示1　プロフィールを全員で読みましょう。

読んだ後、何をした人か発表させる。ポイントを板書する。ポイントは「黄熱病の病原体を発見した人」。

英世の誕生と母の姿

教師が読み、そのあと、英世の母のエピソードを取り上げる。再度、英世の母のエピソードを読み、子どもにも読ませる。

発問2　英世の母の行動を、みんなはどう思いますか。自分だったらどうしますか。

フリートークで意見を聞く。英世の母の行動が、多くの村人を助けたことを確認する。
その後、次のように展開していく。

発問3　清作が大やけどをしたのは、何歳の時ですか。(一歳半。)
発問4　泣き叫ぶ清作を見て、母はどのような行動をとりましたか。(清作を抱きしめ、お経を唱えた。)

母の愛に気づかせるため、次のように問う。

発問5　清作が大やけどをしたのは、お母さんのせいですか。(ちがう。)

英世を育てた母の愛

英世の母の子育てのエピソードを読み、次のように展開していく。

指示2　お母さんが、清作を大切にしていることがわかる文に線を引きなさい。
発問6　お母さんのこのような態度を、みんなはどう思いますか。

再度、英世を大切に思っていたことを確認する。その後、英世が学校に通ったときのエピソードを読み、次のように展開していく。

発問7　なぜ、清作は、からかわれるようになったのですか。（左手が棒のようだったから。）
発問8　学校に行かなくなったことを知った母は、どんな行動をとりましたか。
発問9　みなさんが、清作のお父さん、またはお母さんなら、どんな行動をとりますか。
発問10　清作のお母さんが一番、言いたかったことは何ですか。（勉強で見返してやれ。）
発問11　清作のお母さんを、どう思いますか。

英世の今後のことを考えた言葉であったことを確認する。

○第二時

英世に受け継がれた母の行動力

教師が読み、子どもにも読ませる。英世の母の姿を問う。

発問12　英世のお母さんは、なぜ寺子屋に行けなかったのですか。（家の手伝いをしなければならなかったから。）
発問13　英世のお母さんは、どのようにして文字を習ったのですか。（学校の先生に頼み込んで習った。）

次に、英世の姿を問う。

発問14　清作は夜になると、何を使って勉強していましたか。（ランプやかまど、囲炉裏の明かり）
発問15　英世は、猛勉強をして、何に任命されましたか。（生長）
発問16　医者になった英世は、どんな仕事をしましたか。（一九一八年に、それまでワクチンのなかった黄熱病の病原体を発見、論文を発表し、世界各地で研究を続けた。）

「生長」の言葉の意味を確認する。その後、母の行動力が、英世にも受け継がれていることを確認する。

永遠に続く母の愛

英世と母の思い出の旅行のエピソードを読む。

指示3　英世が母を大切に思っていることがわかる文に線を引きなさい。
指示4　感想を書きましょう。

ノートに感想を書かせ、発表させる。

英世がアメリカで研究していた時、母・シカから送られてきた手紙を読む。

おまイの ○ しせにわ ○ みなたまけました ○ わたく
しもよろこんでをりまする ○ なかた
のかんのんさまに ○ さまにねん ○ よこもりを ○ い
たしました ○ べん京なぼでも ○ きりかない
○ いぼし ○ ほわこまりをりますか ○ おまい
か ○ きたならば ○ もしわけかてきま
しよ ○ はるになるト ○ みなほかいドに
○ いてしまいます ○ わたしも ○ こころ
ぼそくありまする ○ ドかはやく
きてくだされ ○ かねを ○ もろた ○ こトた
れにもきかせません ○ それをきかせるト
みなのれて ○ しまいます ○ はやくき
てくだされ ○ はやくきてくだされ
はやくきくだされ ○ はやくきて
くだされ ○
いしよのたのみて ○ ありまする

母・シカからの手紙

指示5　シカの手紙を聞いた感想を発表しましょう。

指示6　野口英世の学習の感想をノートにまとめなさい。

第九章
梅子を育てた二組の両親

【津田《つだ》梅子《うめこ》】（1864～1929）

日本初の女子留学生《りゅうがくせい》。明治４年、開国まもない時期に、わずか７歳でアメリカに渡る。11年間、アメリカの教育を受け、優秀《ゆうしゅう》な成績《せいせき》を修《おさ》める。帰国後は日本の女子教育に力をそそぐ。津田《つだ》塾《じゅく》大学の創始者《そうししゃ》。

［参考文献］①みやぞえ郁雄『学習まんが　津田梅子』小学館　②大庭みな子『津田梅子』朝日文芸文庫　③奥田富子『津田梅子』日本文学館　④ＫＡＤＯＫＡＷＡ「歴史読本」編集部『物語　幕末を生きた女一〇一人』新人物文庫

わずか七歳でアメリカに旅立つ

一八七一（明治四）年、少女五人が日本からアメリカに留学しました。この五人の中に津田梅子《つだうめこ》がいました。このとき、梅子は七歳で、五人の中では一番年が下でした。今とはちがってアメリカに行けば何年も帰ってこれませんでした。

梅子がアメリカに出発した明治のはじめは、日本が大きく変わろうとしていた激動《げきどう》の時代でした。

北海道開拓使《かいたくし》という役所につとめていた黒田清隆《くろだきよたか》は、アメリカを訪問《ほうもん》したあと、次のように考えました。

「国を栄えさせ、進歩させるのに一番必要なことは女の人の教育に力を入れることだ。」

そして、日本ではじめて女子留学生《りゅうがくせい》を募集《ぼしゅう》しました。

しかし、応募《おうぼ》したのは、実際に留学した五人だけでした。この五人は家族が外国に行った経験がありました。

留学する梅子を見て、多くの人たちは、

「あんな小さい子を外国に行かせるなんて、おにのような母親にちがいない。」

と言いました。

梅子たちが到着したあと、アメリカの「ジョージタウン新報《しんぽう》」という新聞に次のような記事がのりま

右から２人目が津田梅子《つだうめこ》

した。

最年少の少女（梅子）の母親が、日本を発つ娘のトランクの底に注意深く一つのふくろをぬいつけ、「アメリカに着くまで開けないように」と書いておいた。少女はジョージタウンの家に着いて、それを開けたとたん、思わず大声で、胸《むね》もはりさけんばかりに泣きくずれた。そこにあったのは、着物姿の日本人形であった。そのようにして物をおくるとは、なんという善良な母親であろうか。そのことで少女はホームシック*と母を恋う心をしずめることができたのだった。

（一八七二年八月三日付）

梅子を送り出した父と母

梅子を留学させる決心をした父・仙《せん》は次のように語りました。

「誰だって親というものは、子どもを手放《てばな》すことはつらいのだ。まして梅子のような小さな者を、目の色、髪《かみ》の色、肌《はだ》

津田《つだ》　仙《せん》

少女のころの津田梅子

の色のちがう人々のところへ一人でやるのはどんなに心配なことか。しかし、ここでひとふんばりふんばるのだ。勇気を出すのだ。梅子の将来《しょうらい》のことを考えてやったら、目先の愛情におぼれないことだ。」

母・初子《はつこ》は次のように語りました。

「わが子を手放すのは、今はつらくても、あとで、わが子が大きな幸せをつかめるようにと願ったからなのです。」

梅子の両親は梅子の将来のことを思って、留学させたのでした。

梅子の父・津田仙が十七歳のとき、アメリカのペリーという人が黒船で日本の浦賀《うらが》*にやってきました。仙は江戸幕府《ばくふ》*から江戸付近の海岸の守りを命じられていました。黒船を見て仙は、

「こいつはすごい軍艦《ぐんかん》だ。こんなりっぱな軍艦を作って、太平洋をわがもの顔に行ったり来たりするアメリカとはどんな国だろう。今はちょっとでもはやく外国のことを調べ勉強する必要がある。そのためにはまず言葉だ。」

と外国語を学ぶことの大切さを感じました。

黒船

梅子を慈《いつく》しんだ父と母

アメリカで梅子は、十一年間もランメル夫妻に大切に育てられました。それはランメルおじさまと、ランメルおばさま。

梅子は友だちにこう言いました。

「わたしには、アメリカにもパパとママがいるのよ。だから、わたしのパパとママは二人ずついるの。」

梅子がアメリカに留学して十一年たちました。とうとう梅子が日本に帰る日がやってきました。

ランメル夫妻は、梅子に、「日本からの手紙、梅子の作文、幼少からの書きもの、ランメル夫人のおぼえ書き」を渡しました。どれもこれも梅子にとっては大切な品でした。

梅子は涙を流しながら、ランメル夫妻と別れました。

日本の女子教育に力を尽くす

アメリカから帰った梅子に、父・仙は次のように言いました。

「梅子一人が使ったお金で、日本ではぜいたくをして、ゆうに一家を養える。国がそれを払ってくれた以上、働いてその負債《ふさい》を

ランメル夫妻

返さなければならない。」

実は、梅子たちが、アメリカに出発するとき、皇后陛下《こうごうへいか》*に謁見《えっけん》*しました。皇后陛下は天皇陛下《てんのうへいか》*の手紙を梅子たちに渡しました。その手紙には、「しっかり学んで、帰ってきたら、それを日本の女性に伝えてほしい。」と書かれていました。

梅子はその約束を守りました。数々の困難をのりこえ、梅子は日本の女性に最高の教育をしたいという願いを実現し、「女子英学塾」をつくりました。

最初の生徒は十人でしたが、梅子は、個性に合った少人数教育を大切にしました。

女子英学塾の開校式で梅子は十人の生徒たちに次のように話しました。

「形こそ、見るかげもない小さなものでありますが、婦人に高尚な働きを与えるこういう学校は、これからの婦人になくてはならぬものと考えまして、この塾を創立することにいたしました。この目的をなしとげるために、ふつつかながらわたしは全力を注いで、自分のベストをつくしたいと

創立した頃の女子英学塾（津田塾大学津田梅子資料室所蔵）

ぞんじます。」

女子英学塾は、現在、「津田塾《つだじゅく》大学」と名前は変わりましたが、梅子の教育方針は現在も引きつがれています。

＊ホームシック＝自分の故郷《こきょう》や家族をこいしがること。

＊浦賀《うらが》＝江戸時代の神奈川県《かながわけん》の地名。

＊江戸幕府《えどばくふ》＝江戸時代、武士である徳川家《とくがわけ》が政治《せいじ》を行っていたところ。

＊皇后陛下《こうごうへいか》＝天皇陛下《てんのうへいか》の奥様《おくさま》。

＊謁見《えっけん》＝貴人または目上の人に会うこと。

＊天皇陛下《てんのうへいか》＝日本の歴史上《れきしじょう》、古代《こだい》から続く日本の元首《げんしゅ》。

【授業展開案】

1　対象学年　小学校三年以上

2　授業時間　二時間

3　指導計画

時	授業大テーマ	授業小テーマ
1	1　なぜ両親は七歳の梅子をアメリカに留学させたのかを考える。	①わずか七歳でアメリカに旅立つ。 ②日本を送り出した父と母。
2	2　ランメル夫妻の梅子への愛情を知る。 3　日本の女子教育のために梅子がやったことを調べる。	③アメリカで梅子を慈しんだ父と母。 ④日本の女子教育に力を尽くす。

4　授業展開

○第一時

津田梅子のプロフィール（扉ページ）

発問1　津田梅子です。何をした人ですか。
指示1　プロフィールを全員で読みましょう。

読んだ後、何をした人か発表させる。ポイントを板書する。ポイントは「女子教育に力を尽くした人」。

わずか七歳でアメリカに旅立つ

発問2　七歳でアメリカに留学した梅子のことを、みんなはどう思いますか。自分だったら行きますか。

フリートークで意見を聞く。
本文を教師が読み、子どもにも読ませる。以下、同じように展開する。

発問3　女子留学生の応募は何人でしたか。（五人。）
発問4　留学する少女を見て、多くの人は何と言いましたか。

多くの人々が言ったことを「鬼のような親」とまとめる。

発問5　梅子の親は鬼のような親でしたか。（ちがう。）
指示2　鬼のような親ではないことがわかる文に線を引きなさい。

新聞記事の「日本人形」「善良な母親」を含む文に線が引かれるだろう。

発問6　少女たちをアメリカに留学させることを考えたのは誰ですか。（黒田清隆。）
発問7　黒田清隆はどんな考えを持っていましたか。

国を栄えさせ、発展させるには、女子教育に力を入れることが一番大切である。

梅子を送り出した父と母

発問8　梅子の父、仙はどんな考えで梅子をアメリカに留学させましたか。
指示3　わかる言葉や文に線を引きなさい。
発問9　梅子の母、初子はどんな考えで梅子をアメリカに留学させましたか。
指示4　わかる言葉や文に線を引きなさい。

父と母の言葉を何回か読ませる。

発問10　父、仙がこのような考えを持つようになったのは、幕末のある出来事が原因ですね。どんな出来事ですか。（ペリー来航。）
発問11　この出来事から仙は、何が大切だと考えたのですか。

○第二時

アメリカで梅子を慈しんだ父と母

発問12　梅子はアメリカで何年間暮らしましたか。（十一年間。）
発問13　十一年間親子のように、一緒に暮らした梅子が帰るとき、ランメル夫妻が梅子に持たせたものがあります。何だと思いますか。

日本からの手紙、梅子の作文、幼少からの書きもの、ランメル夫人のおぼえ書き。

発問14　こんなランメル夫妻をみんなはどう思いますか。
指示5　ノートに書きなさい。

日本の女子教育に力を尽くす

発問15　アメリカから帰ってきた梅子に、父は何と言いましたか。
指示6　みんなで読みましょう。

ポイントを板書する。

指示7　その後、梅子がやったことをノートにまとめなさい。

最初の「女子英学塾」の様子を発表させる。

指示8　開校式で梅子が生徒に語った言葉をみんなで読みましょう。

「女子英学塾」はその後、「津田塾大学」となり、現在に至る。津田塾大学の写真と地図を示す。

指示9　津田梅子の学習の感想をノートにまとめなさい。

第十章

「雨ニモマケズ」の人生の原点

【宮澤賢治《みやざわけんじ》】（1896～1933）

岩手県に生まれる。農業学校を開き、近代農業を農家の人々に伝えた。日本屈指《くっし》の詩人・童話作家で、死後、数多くの作品が紹介され、国民的作家として後の作家に大きな影響を与えた。主な作品に「注文の多い料理店」「銀河鉄道の夜」「風の又三郎」「セロ弾きのゴーシュ」「やまなし」などがある。

［参考文献］①畑山博監修『小学館版　学習まんが人物館　宮沢賢治』小学館
②漫画：柊ゆたか・シナリオ：三上修平『宮沢賢治』集英社
③西本鶏介『おもしろくてやくにたつ　子どもの伝記6　宮沢賢治』ポプラ社

雨ニモマケズ

宮澤賢治《みやざわけんじ》が亡《な》くなる前に書いた詩です。

この詩が、賢治の名を世の中に広めるきっかけとなったのです。

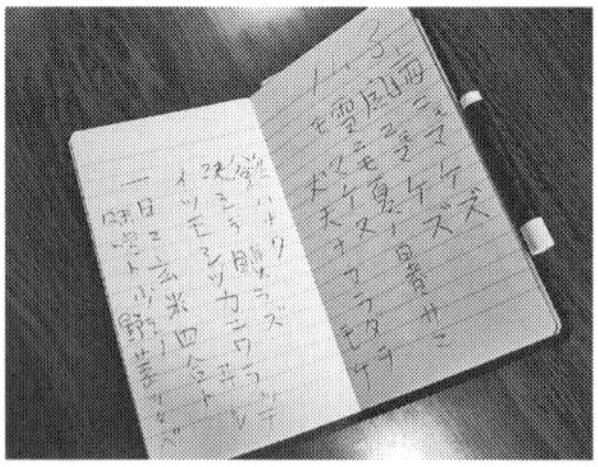

詩が書かれた、賢治の黒手帳
（複製《ふくせい》手帳）

「雨ニモマケズ」　宮澤　賢治

雨ニモマケズ　風ニモマケズ
雪ニモ夏ノ暑サニモマケヌ　丈夫ナカラダヲモチ
慾ハナク　決シテ瞋ラズ
イツモシヅカニワラッテヰル
一日ニ玄米四合ト　味噌ト少シノ野菜ヲタベ
アラユルコトヲ　ジブンヲカンジョウニ入レズニ
ヨクミキキシワカリ　ソシテワスレズ
野原ノ松ノ林ノ蔭ノ　小サナ萓ブキノ小屋ニヰテ
東ニ病気ノコドモアレバ　行ッテ看病シテヤリ
西ニツカレタ母アレバ　行ッテソノ稲ノ束ヲ負ヒ
南ニ死ニサウナ人アレバ
行ッテコハガラナクテモイヽトイヒ
北ニケンクヮヤソショウガアレバ
ツマラナイカラヤメロトイヒ
ヒドリノトキハナミダヲナガシ
サムサノナツハオロオロアルキ
ミンナニデクノボートヨバレ
ホメラレモセズ　クニモサレズ
サウイフモノニ
ワタシハ　ナリタイ

宮澤賢治は、理想に向かって真っ直ぐに歩み続ける人でした。賢治は自分のことよりも、人の役に立つ生き方をした人でした。自分は亡くなってしまうが、この詩のような人になりたいと願いを込めたのです。賢治は自分に厳《きび》しく、人に優《やさ》しい人でした。

父・政次郎《まさじろう》

宮澤賢治は岩手県の花巻町（現在の花巻市）に生まれました。賢治の父、政次郎は質屋・古着商でした。その当時、古着は貴重品で、さらに商売上手であったことから、賢治の家は、とても裕福でした。

また政次郎は、町会議員も務め、

「堅実《けんじつ》、勤勉《きんべん》な読書家で、仏教に関心が深く、世話好きであった。」

といわれていました。

父・宮澤政次郎《みやざわまさじろう》

政次郎の看病《かんびょう》

賢治が六歳の時、赤痢《せきり》*という重い病気にかかってしまいました。この時、父の政次郎は、賢治に薬を飲ませ、タオルを変え、食事を与えるなど必死で看病《かんびょう》しました。

「賢治、しっかり、しっかりしろ。死ぬなよ。」

昼も夜も何日も看病し続けました。赤痢は、頭が痛くなり、寒気やふるえが起こります。ガスのない時代だったので、時には七輪《しちりん》で塩を焼き布にくるみ、お腹をあたためました。この当時、赤痢には、これといった薬もなく、十年前には、多くの人が亡くなったほどでした。

「賢治がんばれ、早く元気になっておくれ。」

「お父さん、看病はわたしがしますよ。」

母のイチが看病を申し出ました。

「いやいや、わしがする。お前は、弟や妹の面倒《めんどう》を頼む。」

政次郎は、昼も夜も寝ないで看病し続けました。

ところが、看病をし続けた結果、今度は政次郎が病気になってしまいました。

それでも、賢治が元気になったことを知ると、とても喜んだということです。

「よかった、よかった。」

その後、政次郎も元気に回復しました。


年月が経《た》ちました。賢治が十七歳の時、今度はチフス*という伝染病《でんせんびょう》にかかってしまいました。この時も、政次郎は、必死に賢治を看病し続けました。そして、またもや、政次郎は賢治と同じ病気になってしまいました。賢治は、一度ならず二度までも、父に命を助けられたのです。

けんかすることも多かった父と子でしたが、政次郎は賢治のことをとても大事に思っていました。

母・イチ

宮澤賢治の母イチは、愛情深く、人のことを自分のことのように考える人でした。

人というものは、他人に何かをしてあげるために生まれてきたのです。

と寝かしつけながら語ったそうです。生涯、賢治はその言葉通り、人のために尽して生きた人でした。賢治が政次郎とけんかし対立した時も、イチはいつも、陰ながら賢治の味方でした。賢治が一人で田畑を耕して暮らすときも、一緒に耕して野菜を育てる手助けをしました。賢治は、イチの深い愛情に包まれて育ったのです。

若い頃から、イチは気品があって、立派な女性だったといわれています。イチは、子どもを尊重しながら育てていったそうです。

母・イチ

支え続けた、政次郎

わがままだった賢治は、政次郎といつも対立していました。しかし、政次郎は無理強いをすることなく、家業を弟に継がせ、賢治に好きな道を歩ませました。

賢治が二十四歳の時、賢治は日蓮宗《にちれんしゅう》*を信仰するようになりました。宮澤家は浄土真宗《じょうどしんしゅう》*だったので、政次郎と大げんかになりました。賢治は、とうとう東京に家出をしてしまいました。東京での生活は決して楽なものではありませんでした。その生活を支えたのが政次郎でした。東京で、賢治がお金に困った時、政次郎は送金をして助けました。

また、時には家出した賢治を追いかけ、旅行に誘い親子の距離を埋めようとしました。政次郎は賢治のよき理解者だったのです。賢治の人並み外れた才能をだれよりも実感し、正しい道へ導き、才能を開花させようと見守り続けたのです。

賢治の生き方

その後、賢治は政次郎の勧《すす》めもあり高校の教師となりました。そこで賢治は農業を教えました。しかし、教え子たちは、農業の辛《つら》く厳《きび》しい現実から、農民になろうとしませんでした。賢治は自分自身がまずは厳しい自然の中に身を投じて働き農業のことを知ろうと、教師を辞《や》め農民になりました。「人の役に立つことを」「土とともに生きる」と決めたのでした。

賢治は、農業をする傍《かたわ》ら、農民のために自分の持つ知識を役立てて、無料で相談所を作り、相談にのりました。また、生活はご飯とたくあんと味噌汁《みそしる》という質素な生活でした。このような苦しい時、賢治をかげで支えた人が政次郎とイチでした。時には手伝い、時にはお金を用意しました。

支えられながら農民のために日夜がんばって働いた賢治ですが、無理がたたり、病気になってしまいました。その時に賢治が残した言葉です。

「世界がぜんたい幸福にならないうちは個人の幸福はあり得ない。」

賢治は自分の体がどうなっても、農民の理想的な生き方を人々に伝えようとしました。

賢治は三十七歳の若さで亡くなりました。亡くなる直前、賢治は政次郎に、

「日蓮宗の教えを書いた経本《きょうほん》を千部作って分けてあげてください。」

と遺言《ゆいごん》を残しました。政次郎は、その願いを聞き、経本を千部作ったということです。

宮澤賢治の願いは、父、政次郎や母、イチの賢治への優しさが生み出したのかもしれません。

※赤痢＝食べ物などについた細菌《さいきん》によって発病する伝染病《でんせんびょう》。
※チフス＝チフス菌によって感染《かんせん》する伝染病。
※日蓮宗＝仏教の宗派の一つで、鎌倉時代に日蓮が開いたもの。
※浄土真宗＝仏教の宗派の一つで、鎌倉時代に親鸞《しんらん》が開いたもの。

【授業展開案】

1　対象学年　小学校五年以上

2　授業時間　二時間

3　指導計画

時	授業大テーマ	授業小テーマ
1	宮澤賢治の生き方やその背景にある、賢治の父、政次郎の育て方を知る。	①雨ニモマケズ ②父・政次郎 ③政次郎の看病
2	愛情深いイチと、けんかをしながらも賢治を支え続けた政次郎の願いを知り、自分自身がどのような親になりたいかを考えることができる。	④母・イチ ⑤支え続けた政次郎 ⑥賢治の生き方

4　授業展開

○第一時

宮澤賢治のプロフィール（扉ページ）

説明1　東北の詩人、宮澤賢治です。

指示1　プロフィールを全員で読みましょう。

雨ニモマケズ

指示2　「雨ニモマケズ」を三回、声に出して読みましょう。
発問1　宮澤賢治は何を大事にした人だったと思いますか。ノートにできるだけたくさん書きましょう。

思ったことでもよいので、箇条書きに書かせる。書いたものを発表させる。
その後の文を教師が読み、賢治の生き方や大事にしたことを確認する。

父・政次郎

「父、政次郎」の項を教師が読む。

発問2　宮澤賢治の父、政次郎は、どのような人だったでしょうか。

古着商で裕福な家、町会議員、真面目な人などを確認する。

政次郎の看病

「政次郎の看病」の項を読ませる。

指示3　「政次郎の看病」をみんなで読みましょう。
発問3　賢治が、赤痢にかかってしまった時、政次郎はどうしたでしょうか。

必死に看病し続けたことを確認する。

発問4　看病し続けた政次郎はどうなったでしょうか。（病気になった。赤痢がうつった。）
発問5　賢治がチフスにかかった時、政次郎はどうしたでしょうか。（必死に看病した。）
発問6　看病し続けた政次郎は、どうなったでしょうか。（またもや病気になった。チフスがうつった。）

寝ずに看病し続け、病気がうつっても、賢治の回復を喜んだ、政次郎の姿を確認し、意見交流する。

○第二時

母・イチ

「母・イチ」の項を読ませる。

指示４　「母・イチ」をみんなで読みましょう。
発問７　母・イチが、賢治を寝かしつける時に、語った言葉は何ですか。ノートに書きましょう。

イチの賢治への接し方を確認し、意見交流をする。

支え続けた政次郎

「支え続けた政次郎」の項を読む。

指示５　「支え続けた政次郎」をみんなで読みましょう。
発問８　政次郎は賢治に無理強いをしましたか、しませんでしたか。（していない。）
発問９　賢治が東京でお金に困った時、政次郎はどうしましたか。（送金した。）
発問10　親子の距離を埋めようと政次郎がしたことは何ですか。（旅行に誘った。）

賢治を温かく見守り続けた政次郎の姿を確認し、意見交流をする。

賢治の生き方

「賢治の生き方」の項を教師が読む。

発問11　賢治は高校の教師になって何を教えましたか。（農業。）
発問12　賢治は高校の教師を辞め、何になりましたか。（農家・農民。）
発問13　賢治は農民のために無料の何を作りましたか。（相談所。）
発問14　賢治の生活はどのようなものでしたか。（質素なもの。）
発問15　この時、賢治を支えたのは誰と誰ですか。（政次郎とイチ。）
発問16　賢治が病にかかった時に言った言葉は何ですか。ノートに書きましょう。
（世界がぜんたい幸福にならないうちは個人の幸福はあり得ない。）
発問17　賢治の遺言を、政次郎は叶えましたか。（叶えた。）

意見交換をさせる。

指示6　「雨ニモマケズ」をもう一度読みましょう。
説明2　宮澤賢治は亡くなってから天才作家として、有名になりました。しかし、賢治の生活は決して楽なものではありませんでした。でも、そんな賢治の生き方を理解し、支え見守った政次郎やイチの存在がありました。賢治の願いは、政次郎やイチの賢治への優しさが生み出したのかもしれません。

指示7　あなたはどんな親になりたいですか。ノートに書きましょう。

◎著者紹介

松藤司（まつふじ　つかさ）　監修・編集・第９章担当

1954年、大阪に生まれる。関西大学経済学部卒業。公立小学校の教員を35年勤める。明治図書より『松藤司の知的授業づくり』シリーズ他多数出版。学芸みらい社より『先生も生徒も驚く日本の「伝統・文化」再発見』１・２出版。皇學館大学非常勤講師「教員免許更新講座」担当。民間教育団体 TOSS 会員。日本教育技術学会会員。親学アドバイザー。

青木勝隆	和歌山県公立小学校　第１章、第３章担当
安達順一	大阪府公立小学校　第５章担当
高橋久樹	三重県公立小学校　第10章担当
根木恭子	京都府公立小学校　第７章担当
福井　慎	三重県公立小学校　第２章、第４章、第８章担当
山村精一	大阪府公立小学校　第６章担当
岩本　武	和歌山県公立小学校　イラスト担当

読《よ》み物《もの》・授業展開案付《じゆぎようてんかいあんつ》き
「偉人《いじん》を育《そだ》てた親子《おやこ》の絆《きずな》」に学《まな》ぶ道徳授業《どうとくじゆぎよう》

2016年 1 月15日　初版発行

編・著　松藤 司＆チーム松藤
発行者　青木誠一郎

発行所　株式会社 学芸みらい社
〒162-0833 東京都新宿区箪笥町31 箪笥町SKビル
電話番号 03-5227-1266
http://www.gakugeimirai.jp/
E-mail : info@gakugeimirai.jp
印刷所・製本所　藤原印刷株式会社
本文組版　藤原印刷株式会社
カバー　　荒木香樹

落丁・乱丁本は弊社宛お送りください。送料弊社負担でお取り替えいたします。

ISBN978-4-905374-98-5 C3037